Confesiones

de un publicitario

PROFIT
editorial

Profit Editorial, sello editorial de referencia en libros de empresa y management. Con más de 400 títulos en catálogo, ofrece respuestas y soluciones en las temáticas:

- Management, liderazgo y emprendeduría.
- Contabilidad, control y finanzas.
- Bolsa y mercados.
- Recursos humanos, formación y coaching.
- Marketing y ventas.
- Comunicación, relaciones públicas y habilidades directivas.
- Producción y operaciones.

E-books:
Todos los títulos disponibles en formato digital están en todas las plataformas del mundo de distribución de e-books.

Manténgase informado:
Únase al grupo de personas interesadas en recibir, de forma totalmente gratuita, información periódica, newsletters de nuestras publicaciones y novedades a través del QR:

Dónde seguirnos:

 @profiteditorial

   | **Profit Editorial**

Ejemplares de evaluación:

Nuestros títulos están disponibles para su evaluación por parte de docentes. Aceptamos solicitudes de evaluación de cualquier docente, siempre que esté registrado en nuestra base de datos como tal y con actividad docente regular. Usted puede registrarse como docente a través del QR:

Nuestro servicio de atención al cliente:
Teléfono: **+34 934 109 793**

E-mail: **info@profiteditorial.com**

David Ogilvy

Confesiones de un publicitario

Prólogo de Jordi Urbea

Todas las publicaciones de Profit están disponibles para realizar ediciones personalizadas por parte de empresas e instituciones en condiciones especiales.

Para más información, por favor, contactar con: info@profiteditorial.com

Título original: *Confessions of an Advertising Man*
© David Ogilvy, 1963. The Ogilvy Group LLC.
© De la fotografía de cubierta: Ogilvy, all rights reserved.
© Profit Editorial I., S. L., 2024

Diseño de cubierta y maquetación: XicArt

ISBN: 978-84-10235-00-7
Depósito legal: B 13354-2024
Primera edición: Noviembre de 2024

Impresión: Gráficas Rey
Impreso en España / *Printed in Spain*

ÍNDICE

PRÓLOGO

«¿Qué hace un chico como yo en un lugar como este?». La pregunta, que bien podría haber formulado el propio David Ogilvy al adentrarse en el mundo de la publicidad, me viene a la mente al enfrentarme al reto de prologar esta nueva edición de *Confesiones de un publicitario*. Es una pregunta a la cual recurro en múltiples ocasiones en las ponencias que llevo a cabo. Han sido muchos los momentos en los cuales he recibido esa cuestión con cierta sorpresa y ahora ya la utilizo como método de presentación. Es normal. Mi camino hacia este mundo no fue el habitual. Como informático, mi pasión siempre fue el universo digital. Pero, a decir verdad, la publicidad solo la contemplaba como un espectador más. Años después, aquí estoy. Con la felicidad de un niño, a mis 54 años, por el hecho de tener la oportunidad de poder contribuir a uno de los libros más relevantes del mundo de la publicidad.

«Pero, Jordi, ¿qué hace un chico como tú en un lugar como este», te preguntarás. «No has respondido», añadirás. Tienes razón. Mis primeros pasos profesionales estuvieron marcados por la fascinación por la tecnología. Disfrutaba explorando sus posibilidades, experimentando con nuevas ideas y descubriendo proyectos innovadores. Al empezar a trabajar en Amstrad, comprendí que la informática había llegado para cambiarlo todo y decidí aprovecharlo al máximo. En aquella época, experimentaba conectando ordenadores a módems para comunicarnos en red, me conectaba a BBS para explorar las conexiones a distancia y recuerdo con ilusión el día que compré mi primera conexión a Compuserve, ya que me permitía enviar correos electrónicos a personas de todo el mundo.

Mi primer contacto con la publicidad llegó a través de Softmail, una empresa de venta de *software* por correo. Allí, me encargaba de la creación de los ficheros y la preparación de los segmentos para poder realizar las campañas de *marketing* directo. Descubrí la importancia del día del envío, el tipo de oferta y el mensaje, y me di cuenta de que el mundo digital y la publicidad se acercaban cada vez más. Esto me llevó a unirme a Servicom en 1994, el primer proveedor de Internet en España. Fueron seis meses de trabajo no remunerado, pero la emoción de descubrir Internet, un mundo nuevo en plena ebullición, lo eclipsaba todo. Posteriormente, me incorporé a Intercom, otra empresa en el epicentro de la revolución digital. A finales de 1995 y principios de 1996, con la aparición de la World Wide Web (WWW), supimos que la tecnología y la publicidad estaban destinadas a encontrarse en un viaje que marcaría mi trayectoria profesional hasta el día de hoy.

Junto a seis socios, fundamos Avatar e-Studios, una pequeña agencia de creación de páginas web. Éramos conscientes de que estábamos presenciando el inicio de la mayor revolución en el mundo de la publicidad. Uno de mis socios, Albert Garcia Pujadas, tenía un contacto en Ogilvy Barcelona y, a través de él, llegamos a Josep Maria Fàbregas, consejero delegado de Ogilvy One Barcelona, y Óscar Prats, presidente de Ogilvy One España. La agencia, liderada por Luis Bassat, buscaba una empresa con nuestro perfil para integrarla en su estructura. Así, el 1 de abril de 1998, Avatar e-Studios se unió a Ogilvy. ¡A Ogilvy! La agencia de David.

Fue entonces cuando realmente descubrí el mundo de la publicidad, un universo que abarcaba no solo el *marketing* directo, que ya me fascinaba, sino también las relaciones públicas, la creatividad, la estrategia y mucho más. Ogilvy era el lugar perfecto para desarrollar mis dos pasiones: la tecnología y la que acababa de descubrir, la publicidad. De esta forma, se abría ante mí la oportunidad de trabajar para grandes marcas.

Al llegar a la agencia, me encontré con personas apasionadas por la marca y su legado. Y todas tenían como denominador común su devoción por David Ogilvy. A través de quienes lo conocieron y de sus libros —*Confesiones de un publicitario*, *Ogilvy on Advertising*, *The Unpublished Ogilvy*, *Ogilvy & la Publicidad*— fui descubriendo a un hombre fascinante, un visionario que, como yo, no venía del mundo de la publicidad, pero que lo revolucionó con su talento y su audacia.

Recuerdo con especial nitidez un vídeo de David Ogilvy en la India, donde hablaba sobre la publicidad y el *marketing* directo, su *secret weapon*. Una disciplina que él dominaba como nadie y con la que yo ya había tenido contacto en mis tiempos en Softmail. Precisamente por mi experiencia en este campo, al adquirir Ogilvy nuestra empresa, me pidieron que liderara la integración de Ogilvy Interactive en Barcelona, el embrión del mundo digital en la agencia. Esta fusión de dos mundos que me apasionaban —la tecnología y la publicidad— me permitió crecer dentro de Ogilvy y consolidar mi posición.

A medida que mi carrera en Ogilvy avanzaba, tuve la oportunidad de viajar por Europa y participar en reuniones internacionales. En cada lugar, el nombre de David Ogilvy resonaba con fuerza. Era como un mantra, una veneración hacia un genio que, a pesar de no haberlo conocido personalmente, me cautivaba cada vez más. Este sentimiento me acompañó hasta el castillo de Touffou, donde David Ogilvy vivió sus últimos años y al que decidí viajar poco después de su muerte con la esperanza de conocer a su viuda, Herta. Lo rememoro en mi cabeza como si fuera hoy.

El momento en que finalmente la conocí en el castillo es un recuerdo que atesoro con especial cariño. Tuve el privilegio de encontrarme con una mujer maravillosa, de una gran inteligencia y sensibilidad. Comprendí entonces que esa pareja excepcional, David y Herta, había creado un legado aún mayor que la propia agencia: la marca Ogilvy, una familia global unida por la pasión por la creatividad, la innovación y la búsqueda de la excelencia.

Años después, la figura de David Ogilvy, un auténtico innovador que desafió las convenciones, me sigue inspirando. Aunque nunca lo conocí en persona, su influencia en mi vida, tanto profesional como personal, es innegable. Su legado perdura en cada rincón de Ogilvy: la pasión por innovar, el trato cercano y respetuoso, y ese sentimiento único de pertenencia a una gran familia. Recuerdo vívidamente la esquela en el periódico anunciando su fallecimiento. Sentí una profunda admiración por alguien a quien solo conocía a través de las historias que otros compartían, un testimonio del impacto que una persona puede tener sin necesidad de estar presente.

Durante estos más de 25 años en Ogilvy, muchas figuras internacionales han influido en mi vida profesional, como Shelly Lazarus, Reimer Thedens, Brian Fetherstonhaugh, Paul O'Donnell y Gunther Schumacher. A nivel local, no puedo olvidar a Josep Maria Fàbregas, Óscar Prats, Jorge Santacana y Jordi Alavedra. Aunque sería imposible nombrar a todas las personas que han hecho de este viaje algo inolvidable, quiero expresar mi más sincero agradecimiento a mis compañeros, amigos y miembros del Comité.

No me puedo despedir sin algunas citas que me siguen marcando tanto a nivel profesional como personal. Seguro que las iréis descubriendo, pero permitidme que os las adelante:

- No escriba nunca un anuncio que no le gustaría que leyera su familia.

- A menos que su publicidad se haya construido sobre una Gran Idea, pasará tan inadvertida como un barco en la noche.

Si un anuncio lo tienes que explicar no es un buen anuncio.

- Nuestro negocio necesita transfusiones masivas de talento. Y es más probable encontrar el talento, creo yo, entre los inconformistas, disidentes y rebeldes.

No puedo sentirme más identificado con David. Desde ese momento, solo busco gente que quiera desafiar los retos que se nos plantean en vez de asustarse.

- Si contrata personas más grandes que usted, tendrá una compañía de gigantes.
- Líbrese de los perros mustios que extienden el desaliento.

Estas dos frases las he llevado a la práctica a lo largo de mi carrera. Recuerdo cuando Óscar Prats, al nombrarme director general, me dijo: «Búscate tu sustituto». Desde entonces, el comité ejecutivo de Barcelona está compuesto por profesionales mejores que yo en cada una de las áreas.

- Fomente la innovación. El cambio es nuestra fuerza vital, el estancamiento proclama nuestra muerte.
- Los anuncios no se dirigen a un ejército inmóvil, sino desfilando.

David Ogilvy era un visionario que entendía la importancia de adaptarse a un mundo en constante cambio. Esta filosofía se ha mantenido como un pilar fundamental en la agencia, impulsando la creación de divisiones como Ogilvy Upcelerator, Ogilvy Mobile y Ogilvy Life, y hoy en día explorando la Inteligencia Artificial para aplicarla a nuestro trabajo.

- En Ogilvy hacemos dos cosas: cuidamos a los clientes y enseñamos a los jóvenes publicitarios.

He tenido el privilegio de ver gente empezando de becario y llegar a los máximos puestos de la compañía. Un privilegio incalculable.

- La formación no debe limitarse a los becarios. Debe ser un proceso continuo, y debe incluir a toda la plantilla profesional de la agencia. Cuanto más aprenda nuestra gente, más útil puede ser para nuestros clientes.

En un mundo en constante evolución, la formación continua es esencial para mantenernos relevantes. La llegada de la inteligencia artificial, por ejemplo, ha supuesto un nuevo desafío que hemos afrontado con entusiasmo, implementando programas de formación para que todos los empleados puedan aprovechar al máximo esta nueva herramienta.

- Admiro a las personas con buenos modales que tratan a los demás como seres humanos.

David Ogilvy buscaba crear una agencia donde se respirara un ambiente de respeto y cordialidad. En Ogilvy he tenido la suerte de encontrarme con personas excepcionales, auténticos «*Ladies and gentlemen with brains*» que me han enseñado la importancia de la educación y la elegancia en el trato personal.

El legado de David Ogilvy sigue vivo en cada uno de nosotros. Cuando con Christian Martínez y Laura Cuenca, del equipo de comunicación, valorábamos cómo afrontar este prólogo, eran tantas las cosas que surgían, que daban para un libro. Por fortuna, ese libro ya existe —es el que tienes entre manos en estos momentos— y plasma a la perfección el conocimiento de David. Su vigencia, a pesar del paso de años y las múltiples revoluciones tecnológicas, sigue intacta.

Así como sus enseñanzas, que nos inspiran a ser mejores profesionales y personas, a buscar la excelencia en todo lo que hacemos y a construir una marca que sea sinónimo de calidad, creatividad e integridad. Tal vez, tú tampoco llegarás a conocer a David Ogilvy personalmente, pero en este libro vas a conocer al hombre posiblemente más innovador de la historia.

Si pudiera pedirle algo a la historia (o a la Inteligencia Artificial), sería haber coincidido con David Ogilvy en estos momentos tan apasionantes de cambio en nuestro sector. La irrupción de la Inteligencia Artificial va a cambiar por completo el mundo de la publicidad y estoy seguro de que con David al frente seríamos unos privilegiados, disfrutando de una manera completamente diferente de la publicidad. ¿Qué hace un chico como yo en un lugar como este? Disfrutar como un niño de un prólogo que nunca olvidaré.

JORDI URBEA
Senior Vice President de Ogilvy Spain
y CEO de Ogilvy Barcelona

BACKGROUND

Cuando era niño, yo vivía en la casa de Lewis Carroll (autora de *Alicia en el País de las Maravillas*). Mi padre, a quien adoraba, era un hombre de las Tierras Altas. Hablaba en gaélico. Era un humanista y agnóstico empedernido. Un buen día descubrió que yo había empezado a asistir secretamente a misa, y me dijo:

> Mi querido y caduco hijo, ¿cómo puedes aguantar ese sermón? La religión es muy propia para criados, pero no para gentes bien educadas. ¡No es preciso que seas religioso para que te comportes como un caballero!

Mi madre era irlandesa. Era bella y excéntrica. Me desheredó por opinar que, dado mi carácter, yo conseguiría en mi vida más dinero del que necesitase, sin tener que recurrir a ella. Y tuvo razón. No pude contradecirla...

A los nueve años, fui internado en un aristocrático colegio, en Eastbourne. El director anotó en su diario, refiriéndose a mí:

> Tiene una mentalidad muy original. Se inclina a la discusión con sus profesores y a tratar de convencerles de

que tiene razón y que son los libros los que están equivocados. Aunque quizás esto sea una prueba de su originalidad...

Cuando insinué, una vez, que Napoleón pudo haber sido holandés, debido al hecho de que su hermano fue rey de Holanda, la esposa del director me envió a la cama sin cenar.

Cuando me estaba ataviando para representar el papel de abadesa en la *Comedia de los errores*, ensayé mi discurso de entrada con un tono que no le gustó, tras lo cual me agarró por las orejas y me lanzó al suelo.

A los trece años, fui trasladado a Fettes, un colegio escocés cuya espartana disciplina fue establecida por mi ilustre tío, el ministro escocés de Justicia, Lord Inglis, considerado como el mejor abogado de todos los tiempos.

Entre mis compañeros de este espléndido colegio, figuraban Ian Macleod, Niall Macpherson, Knox Cunningham y otros varios futuros miembros del Parlamento. De mis profesores, recuerdo en primer lugar a Henry Havergal, quien me indujo a que aprendiese a tocar el contrabajo, y también a Walter Sellar, que escribió *1066 y todo eso*, cuando me enseñaba historia.

Mi paso por Oxford no fue muy brillante. Keith Feiling, el historiador, me consiguió una beca en el Christ Church, y fui objeto de las mayores atenciones por parte de Patrick Gordon-Walker, Roy Harrod, A. S. Russell y otros caballeros. Pero yo era demasiado distraído para lograr algo de provecho. Resultado: la beca fue cancelada.

Sucedió esto en 1931, en plena depresión. Durante los diecisiete años siguientes, mientras mis amigos iban escalando brillantes posiciones como abogados, funcionarios, rentistas o políticos, yo me lancé por el mundo a la ventura, sin un propósito definido.

Fui chef de cocina en París, vendedor a domicilio, visitador social en los barrios pobres de Edimburgo, asociado del doctor Gallup en unas investigaciones para la industria cinematográfica, colaborador de sir William Stephenson en la British Security Coordination y granjero en Pensilvania, entre otras muchas cosas.

El ídolo de mi juventud había sido siempre Lloyd George, y yo confié en llegar a primer ministro cuando fuese mayor. En vez de ello, me convertí en un publicitario de Madison Avenue.

(Los presupuestos de mis diecinueve clientes suman mucho más que los del gobierno de Su Graciosa Majestad.)

Max Beerbohm le dijo una vez a S. N. Behrman:

Si yo fuese rico, iniciaría una gran campaña publicitaria en los principales periódicos del país. Los anuncios consistirían tan solo en una breve frase, impresa en grandes letras, una frase que escuché por casualidad que decía un marido a su esposa: «Querida, no existe nada en este mundo que sea digno de comprarse».

Mi posición está en el bando opuesto. Yo necesito comprar casi todo lo que veo anunciado. Mi padre acostumbraba a decir de un producto que «se hablaba muy bien de él en los anuncios». Yo he pasado casi toda mi vida hablando bien de productos en los anuncios. Confío en que ustedes experimentarán tanto placer comprándolos como yo anunciándolos. Gracias.

DAVID OGILVY
Ipswich, Massachusetts

1

CÓMO SE DIRIGE UNA AGENCIA DE PUBLICIDAD

Dirigir una agencia de publicidad es exactamente igual que gobernar cualquier otra organización de tipo creador (un laboratorio de investigación, una revista, un equipo de arquitectos, una gran cocina…).

Hace treinta años, yo era chef en el hotel Majestic de París. Henri Soulé, del Pavillon, me recuerda siempre que aquella fue, probablemente, la mejor cocina que nunca haya existido.

En nuestra brigada contábamos con treinta y siete chefs. Trabajábamos como derviches.[1] ¡Sesenta y tres horas semanales! (No existía sindicato…). De la mañana hasta la noche, sudábamos, gritábamos, lanzábamos maldiciones... y cocinábamos. Cada uno de nosotros estaba dominado por una sola ambición: la de cocinar mejor de lo que lo hubiese hecho jamás ningún chef. Nuestra determinación (*espirit de corps*) hubiese acreditado a la Infantería de Marina.

Siempre he creído que, si hubiese llegado a comprender cómo conseguía el chef principal, *monsieur* Pitard, inspirar aquella candente moral, hubiese aplicado las mismas normas a la dirección de mi agencia publicitaria.

---

1. Entre los musulmanes, una especie de monje. *(N. del E.)*

Para empezar, *monsieur* Pitard era el mejor cocinero de todos nosotros. Y nosotros lo sabíamos. Tenía que emplear la mayor parte de su tiempo encerrado en su despacho, planeando menús, examinando cuentas y encargando materias primas. Pero una vez por semana emergía de las vidrieras de su oficina, situada en el centro de la cocina, y procedía a cocinar un plato. Todos nosotros nos situábamos siempre a su alrededor para observar, encandilados por su virtuosismo. Entonces comprendíamos que estábamos trabajando para un maestro supremo.

(Siguiendo el ejemplo del chef Pitard, yo redacto todavía anuncios, ocasionalmente, para recordar a mi equipo de colaboradores que mi mano no ha perdido su destreza.)

Monsieur Pitard gobernaba con mano de hierro. Todos nos sentíamos aterrorizados. Se sentaba en su jaula de cristal, calándose el gorro blanco, símbolo de su autoridad. Siempre que yo cometía algún error en mi trabajo, miraba inmediatamente de reojo en aquella dirección, para ver si su penetrante ojo clínico se había dado cuenta de mi falta.

(Los cocineros, igual que los redactores, trabajan siempre bajo una presión feroz y son terriblemente pendencieros. Dudo que un patrón más diplomático hubiese podido evitar que nuestras rivalidades se tradujesen en violencia.)

Monsieur Bourgignon, nuestro «chef de salsas», me dijo en cierta ocasión que cuando un cocinero llega a los cuarenta años está muerto o está loco. Comprendí bien el significado de esta apreciación el día en que nuestro «chef de sopas» lanzó sobre mi cabeza, a través de la cocina, cuarenta y siete huevos frescos, consiguiendo nueve impactos directos. Mis incursiones a su cazuela de sobras, buscando huesos para el perro de un cliente importante, habían colmado su paciencia.

Nuestro «chef de repostería» era igualmente excéntrico. Cada noche salía de la cocina con un pollo oculto en la copa de su sombrero.

Cuando se fue de vacaciones, me obligó a introducirle dos docenas de melocotones en las perneras de sus calzoncillos largos.

Sin embargo, con motivo de un banquete ofrecido en Versalles a los reyes de Reino Unido, este genial tunante fue escogido, entre todos los reposteros de Francia, para preparar las cestas ornamentales de dulces y los *petits fours glacés*.[2]

Monsieur Pitard raras veces nos alababa, pero, si lo hacía, nos sentíamos transportados a los mismos cielos. El día en que el presidente de la República francesa asistió a un banquete del Majestic, la atmósfera de nuestra cocina estuvo cargada de electricidad.

En una de estas memorables ocasiones, estaba yo ocupado en cubrir unas ancas de rana con una salsa agridulce, decorando después cada una de las pequeñas patas con una hoja ornamental. De repente, me di cuenta que *monsieur* Pitard estaba detrás de mí, vigilándome. Me sentí tan asustado que mis rodillas se juntaron y mis manos temblaron. *Monsieur* Pitard, sacando un lápiz de su impoluta vestimenta almidonada, dibujó un signo en el aire, para que todos los cocineros lo captasen y apuntó a mis ancas de rana, diciendo, lenta y pausadamente: «Así es exactamente como hay que cocinarlas». Desde entonces, fui para siempre su esclavo…

(Hoy en día alabo tan raramente a mi personal como lo hacía monsieur Pitard con sus «c/ie/s», en el bien entendi-

---

2. *Petits fours glacés* son pequeños pasteles glaseados de la repostería francesa que llevan una decoración también en miniatura. El término viene del mismo francés que significa «*petit four*: pequeño horno». *(N. del E.)*

do de que estoy seguro que ellos apreciarán mejor esta parquedad de elogios que una constante profusión de alabanzas.)

Monsieur Pitard nos dio a todos nosotros un gran sentido de la responsabilidad. Una tarde, cuando había preparado un *soufflé*[3] Rothschild (con tres licores) me llevó consigo, escaleras arriba, hacia la puerta del comedor, permitiéndome ver al presidente Paul Doumer comiéndolo. Tres semanas más tarde, el 7 de mayo de 1932, Doumer falleció.[4]

(Creo que las personas que trabajan en mi agencia experimentan una emoción similar, en ocasiones extraordinarias. Cuando un imprevisto les tiene trabajando toda una noche, su moral permanece muy elevada durante semanas enteras.)

Monsieur Pitard no toleraba la incompetencia. Sabía que es deprimente para los profesionales trabajar con aficionados incompetentes. Le vi despedir a tres reposteros en un mes por idéntico crimen: el de no conseguir que sus *brioches*[5] ascendiesen suavemente. Mr. Gladstone[6] habría celebrado esta mente casi cruel. Mantenía que «el factor esencial para un primer ministro consiste en ser un buen carnicero».

Monsieur Pitard me enseñó lo que debe ser un buen servicio. Por ejemplo, me oyó decirle una vez a un camarero que habíamos agotado el plato del día. Casi me fulminó por

---

3. Alimento preparado con claras de huevo a punto de nieve y cocido en el horno para que adquiera una consistencia esponjosa de manera que queda «inflado». *(N. del E.)*
4. No fue a causa de mi *soufflé* sino por culpa de las balas de un ruso loco.
5. *Brioches* se trata de bollos esponjoso. *(N. del E.)*
6. Mr. Gladstone fue uno de los estadistas más célebres de la época victoriana, y se lo considera uno de los más importantes primeros ministros que ha tenido el Reino Unido, inspirando al mismísimo Winston Churchill. *(N. del E.).*

ello: «En una gran cocina —me dijo— ha de hacerse siempre honor a lo que se haya prometido en el menú». Me permití señalar que sería necesario tanto tiempo para preparar el plato en cuestión que ningún cliente esperaría a que se le preparase. ¿Se trataba acaso de nuestro famoso *koulibiac de saumon*, guiso complicado a base de filetes de esturión, sémola, pedacitos de salmón, setas, cebollas y arroz, amasando una pasta de *brioche* y cociendo el conjunto por espacio de cincuenta minutos? ¿O bien consistía en nuestros todavía más exóticos *Karoly Éclairs*, rellenos de puré de intestinos de perdiz guisados con champaña, cubriéndolos después con una salsa de color tostado y adornándolos con jalea? No lo recuerdo a estas alturas, pero sí recuerdo exactamente lo que me dijo *monsieur* Pitard:

> La próxima vez que veas que un plato se ha terminado, ven a decírmelo. Telefonearé entonces a otros hoteles y restaurantes, hasta que encuentre uno que tenga el mismo plato en su menú. Te enviaré a continuación con un taxi a buscar ese plato. No digas nunca más a un camarero que se nos ha terminado cualquier cosa.

(Actualmente me pongo frenético cuando alguien, en Ogilvy, Benson & Mather, dice a un cliente que no podemos entregar un anuncio o un comercial de televisión en el plazo prometido. En los mejores establecimientos las promesas se deben mantener siempre, cueste lo que cueste.)

Poco después de unirme al equipo de *monsieur* Pitard, tuve que vérmelas con un problema de índole moral, para el cual ni mis padres ni mis maestros me habían preparado. El chef encargado de las neveras me envió al «chef de salsas» con algunas mollejas de ternera crudas, tan malolientes que comprendí enseguida que pondrían en peligro la vida de cualquier cliente que se las comiese. La salsa debía disimular su putrefacto estado y el cliente no se daría cuenta. Protesté ante el «chef de neveras», pero este insistió en que yo cumpliese lo ordenado. Seguramente porque sabía que habría de soportar una horrorosa bronca si *monsieur* Pitard descubría que había agotado sus existencias de mollejas frescas de ternera. ¿Qué debía hacer? No dudo que sea poco honroso hacer de «chivato». Pero no hubo más remedio. Llevé las putrefactas mollejas a *monsieur* Pitard y le invité a olerlas. Sin decir palabra, cogió por su cuenta al citado chef y lo fulminó. El pobre fue inmediatamente despedido.

En su libro *Sin blanca en París y Londres* (*Down and Out in Paris and London*), George Orwell hizo saber al mundo que las cocinas francesas son las más sucias del mundo. Seguro que nunca trabajó en el Majestic. *Monsieur* Pitard era un tirano en lo que se refería a obligarnos a mantener la cocina bien limpia. Dos veces al día había que raspar la superficie de madera de la mesa de la cocina con una afilada rasqueta. Dos veces al día se fregaba el suelo, añadiendo después serrín limpio. Una vez por semana, un «cazador» exploraba toda la cocina buscando las posibles cucarachas. Cada mañana cambiábamos nuestros uniformes impolutos.

(Hoy soy un tirano en lo que se refiere a obligar al personal de mis oficinas a mantenerlas en perfecto orden. Una oficina desordenada crea una atmósfera de suciedad y provoca la desaparición de papeles confidenciales.)

Los cocineros estábamos mal retribuidos. Pero *monsieur* Pitard sacaba tanto dinero de las comisiones de los proveedores que podría haberse permitido el lujo de vivir en un castillo. Lejos de disimular su opulencia ante nosotros, venía a trabajar en taxi, usaba bastón con empuñadura de oro y vestía, cuando estaba libre de servicio, igual que un banquero internacional. Este despliegue de lujo y privilegios estimulaba nuestra ambición para seguir sus pasos.

El inmortal Auguste Escoffier tuvo la misma idea. Cuando fue jefe de cocinas en el Carlton de Londres, antes de la Primera Guerra Mundial, acostumbraba asistir al Derby en un coche de cuatro caballos, vestido con levita y con sombrero de copa. Entre mis colegas del Majestic, *La guía culinaria* de Escoffier gozaba de autoridad definitiva. Era el tribunal de apelación en todas nuestras discusiones respecto a recetas culinarias. Poco antes de su muerte, salió de su encierro voluntario y participó en una comida que le ofrecimos en nuestra cocina. Parecía Brahms departiendo con los músicos de la Filarmónica.

Cuando se servían las comidas, *monsieur* Pitard se situaba en el mostrador ante el cual los cocineros entregaban nuestros platos a los camareros. Inspeccionaba plato por plato antes de que saliesen de la cocina. Devolvía a veces alguno al cocinero para completar su elaboración. Nos recordaba siempre que no era necesario llenar demasiado el plato —*pas trop*—. Quería que el Majestic no saliese perdiendo.

(Actualmente, inspecciono cada campaña antes de someterla al cliente y devuelvo muchas de ellas para que sean más elaboradas. Y comparto la misma pasión de monsieur *Pitard por los beneficios.)*

Quizás el ingrediente de la dirección de *monsieur* Pitard que me causó una impresión más profunda fue su laboriosidad. Encontré tan exhaustivas mis sesenta y tres horas inclinado ante el hornillo, que habría pasado mi día libre tumbado en un prado, absorto en la contemplación del cielo. Pero *monsieur* Pitard trabajaba setenta y siete horas semanales, tomándose tan solo un día de descanso cada dos semanas.

(Este es, más o menos, mi actual sistema. Opino que mis colaboradores estarán más dispuestos a trabajar horas extraordinarias si yo trabajo más horas que ellos. Un ejecutivo que abandonó recientemente mi agencia, me dijo en su carta de despedida: «Usted nos marcaba la pauta, llevándose trabajo a su casa. Era una experiencia desconcertante la de pasar toda la tarde de un sábado sin hacer nada, sentados cerca de él, mientras le estábamos viendo en su mesa, inmóvil junto a la ventana, haciendo su trabajo extraordinario».)

En el Majestic aprendí algo más: si uno puede hacerse indispensable para un cliente, nunca será pobre. Nuestra cliente más importante, una señora americana que ocupaba una *suite* de siete habitaciones, estaba sometida a una dieta rigurosa, basada en una manzana cocida al horno después de cada comida. Un día amenazó con cambiarse al Ritz, a menos que la manzana se la presentasen siempre perfecta.

Ante esta amenaza, desarrollé un invento consistente en poner al horno dos manzanas, pasar la pulpa de ambas a través de un colador, eliminando así cualquier impureza y colocar después esta pulpa dentro de la piel de una de ellas. El resultado se tradujo en la más voluptuosa manzana al horno que había visto nuestra cliente. Seguramente le proporcionó más calorías de las esperadas, ya que se recibió recado en la cocina felicitando al chef que preparaba dichas manzanas.

Mi amigo más íntimo fue un antiguo funcionario de Hacienda que presentaba un extraordinario parecido con Charles C. Burlingham. Mi amigo era comunista, pero esto les tenía sin cuidado a los demás. En cambio, se sentían impresionados por mi nacionalidad. Un escocés en una cocina francesa es algo tan raro como un escocés en Madison Avenue. Mis colegas, que habían oído contar muchas historias de mis antepasados de las Tierras Altas, me bautizaron con el nombre de «el salvaje».

Me hice todavía más salvaje cuando llegué a Madison Avenue. Dirigir una agencia de publicidad no es un juego de niños. Tras catorce años de profesión, he llegado a la conclusión de que el máximo directivo de una agencia tiene una responsabilidad única: la de crear una atmósfera en la cual, incluso los muy torpes, puedan realizar un trabajo útil. El doctor William Menninger describió estas dificultades con original perspicacia:

> Para tener éxito en publicidad, hay que contar, necesariamente con un grupo de gente creadora. Esto significa tener que tratar con un porcentaje razonablemente elevado de estirados, orgullosos, brillantes y excéntricos inconformistas.
>
> Al igual que la mayoría de doctores, hay que trabajar noche y día, siete días por semana. Esta presión constante sobre cada ejecutivo de publicidad, representa un lastre físico y psicológico considerable. Esta presión la aplica el ejecutivo sobre el administrativo y el supervisor, y estos, a su vez, sobre el personal de creación. Por lo tanto, las presiones del cliente repercuten sobre el directivo y sobre todo el personal de la agencia.
>
> Un problema especial que se les plantea a los empleados de una agencia de publicidad consiste en que cada uno de ellos vigila atentamente al otro para observar si consigue una alfombra antes que él, o para saber si el uno tiene una secretaria antes que el otro, o para enterarse de si el otro gana cinco centavos más que uno. En realidad, la necesidad de una alfombra, de una secretaria o de una moneda de cinco centavos no tiene importancia. Lo que sí la tiene es el reconocimiento de la «situación ante papá».

El director de una agencia ha de ser, inevitablemente, una figura paternal. El hecho de ser un buen padre, tanto con los propios hijos como con los asociados y colaboradores, requiere comprensión, consideración y necesidad de ser lo suficientemente humano como para resultar afectuoso.

En los primeros tiempos de nuestra agencia trabajé, hombro con hombro, con cada uno de nuestros empleados. En estas condiciones, la comunicación y el afecto resultan fáciles. Pero, a medida que nuestro equipo se va haciendo cada vez mayor, encuentro todo ello más difícil. ¿Cómo puedo ser una figura patriarcal para personas que no me conocen ni de vista? Mi agencia cuenta ahora con 497 empleados, entre hombres y mujeres. He descubierto que tienen un promedio de cien amigos cada uno —esto hace un total de 49.700 amistades—. Si le digo a todo nuestro personal lo que hacemos en la agencia, en qué creemos y cuáles son nuestras ambiciones, ellos se lo dirán, a su vez, a sus 49.700 amigos, lo que nos dará 49.700 nuevos amigos de Ogilvy, Benson & Mather.

Por esta razón reúno, una vez al año, a todo nuestro equipo, en el auditorio del Museo de Arte Moderno y les hago una franca exposición de todas nuestras operaciones, beneficios, esperanzas, etc. Después les hablo de la clase de comportamiento que más admiro, en los siguientes términos:

1. Admiro a las personas que saben trabajar duro y saben arrimar el hombro. Me disgustan los pasajeros que no ayudan a la navegación del barco. Siempre es más optimista trabajar más de la cuenta que trabajar poco. Existe un factor económico que se basa en el trabajo duro: cuanto mayor sea el beneficio que realicemos, mayor será la cantidad de dinero disponible para todos nosotros.

2. Admiro a las personas que tienen la suerte de poseer un cerebro «de primera clase». Porque una agencia de publicidad no puede funcionar sin un personal inteligente. Pero los buenos cerebros no son suficientes si no llevan incluida una sincera *honestidad intelectual*.

3. Tengo una norma inviolable contra el empleo de enchufados y de mujeres casadas porque fomentan una política equivocada. Siempre que dos de nuestros empleados se casan, uno de ellos debe causar baja en la plantilla (preferiblemente la señora, para cuidar de su bebé).

4. Admiro a las personas para las que el trabajo es un placer. Si no disfrutan ustedes con lo que hacen, les aconsejo que busquen otro empleo. Recuerdo el proverbio escocés: «Sé feliz mientras vivas, pues muerto lo estarás largo tiempo».

5. Desprecio a los aduladores que dan coba a sus patronos. Son, generalmente, las mismas personas que tiranizan a sus subordinados.

6. Admiro a los profesionales seguros de sí mismos, a los artesanos que realizan su tarea con falsa facilidad. Siempre respetan la experiencia de sus colegas y nunca se aprovechan de los demás.

7. Admiro a las personas que contratan colaboradores lo suficientemente buenos para que puedan sucederles. Me dan lástima las personas que se sienten tan inseguras que prefieren contratar colaboradores inferiores por miedo a que puedan sustituirles.

8. Admiro a las personas que contribuyen a la formación de sus subordinados, porque es el único sistema de poder ofrecerles ascensos dentro de sus categorías. Detesto tener que recurrir a personal ajeno a mi em-

presa para la realización de tareas importantes, y ansío que llegue el día en que esto no sea necesario.

9. Admiro a las personas amables, que tratan a los demás como seres humanos. Aborrezco a las personas pendencieras. La mejor forma de mantener la paz consiste en ser ingenuo. Recordemos a Blake:
Estaba disgustado con mi amigo:
mi enfado se apagó y la ira se acabó.
Me enojé con mi enemigo:
mi cólera creció y muy poco se aclaró.

10. Wellington no volvía nunca a su casa sin haber puesto fin a todo el trabajo dispuesto sobre su mesa.

Una vez explicado al personal lo que de ellos espero, paso a decirles lo que de mí exijo:

1. Intento: ser firme y honrado. Adoptar sin cobardía decisiones impopulares. Crear una atmósfera de estabilidad. Hablar menos y escuchar más.

2. Deseo: sostener el impulso de la agencia. Mantener su vitalidad y su empuje.

3. Trabajo: para cimentar la agencia aportando a ella nuevos clientes.

(Al llegar a este punto, las caras de mis oyentes, vueltas hacia arriba, parecen las de unos pobres pajarillos esperando que papá pájaro les traiga la comida.)

4. Trato: de ganar la confianza de nuestros clientes en su más alto nivel.

5. Lucho: para obtener los suficientes beneficios para poderles asegurar una buena jubilación.

6. Planteo: nuestra política pensando en el futuro.

7. Considero necesario: reclutar el personal de la más alta calidad que exista en todos los aspectos.

8. Espero: obtener de cada hombre y de cada mujer empleados en la agencia lo mejor que puedan dar de sí mismos.

La marcha de una agencia requiere vitalidad, resistencia suficiente para rehacerse tras las derrotas, afecto para todos los hombres que la componen y tolerancia para sus debilidades, genio para resolver rivalidades y un ojo clínico especial para distinguir las oportunidades únicas. Y mucha moralidad. El personal que trabaja en una agencia de publicidad puede sufrir serios reveses en su «espíritu de equipo» (*espirit de corps*) si sorprenden a su director realizando actos que no respondan a unos principios férreos.

Sobre todo, el director de una agencia debe saber siempre delegar sus poderes. Esto es más fácil decirlo que cumplirlo. A los clientes no les gusta que el manejo de sus campañas sea confiado a gente joven, de la misma forma que los pacientes de los hospitales prefieren verse rodeados de doctores en vez de verse tratados por estudiantes de medicina.

En mi opinión, el sistema de delegar se ha llevado demasiado lejos en algunas de las grandes agencias de publicidad. Sus dirigentes se han refugiado en la administración, dejando a los jóvenes toda la responsabilidad del contacto con los clientes. No hay duda de que este procedimiento puede dar lugar a grandes agencias, pero inevitablemente conduce a la mediocridad. Personalmente, no tengo ambiciones de reinar sobre una vasta burocracia. Por eso solo tenemos diecinueve cuentas. Llegar a una gran calidad es quizá menos provechoso que llegar a un gran volumen, pero resulta bastante más satisfactorio.

La delegación de funciones se traduce, a veces, en la interposición de un extraño entre el dueño de la agencia y su personal. Cuando esto sucede, los empleados se sienten como niños cuya madre les confiase a los cuidados de una niñera. Después se resignan a la separación porque acaban por descubrir que, a veces, las niñeras son más pacientes, más sensibles y más expertas de lo que pueda serlo la propia madre.

Mi éxito o fracaso como director de una agencia, ha dependido, más que nada, de mi habilidad para encontrar personas que puedan crear grandes campañas, hombres con pólvora en sus cartuchos. La facultad creadora ha sido objeto de estudios formales por parte de los psicólogos. Si ellos pueden identificar las características de los individuos creadores y poner en mis manos un test psicométrico para la selección de jóvenes, aptos para ser aleccionados y convertidos en forjadores de campañas, habremos conseguido algo muy importante.

El doctor Frank Barron, del Instituto para Definición de la Personalidad de la Universidad de California, ha prometido realizar una profunda investigación en este sentido. Sus conclusiones coinciden con mis observaciones propias:

a. Las personas creadoras son especialmente observadoras y valoran las experiencias percibidas (sin engañarse nunca a sí mismos) con más intensidad que otras personas.

b. Ven las cosas como los demás, pero también las ven como otros no son capaces de verlas.

c. Están dotadas de la mayor capacidad mental. Tienen gran habilidad para retener muchas ideas a la vez y para comparar entre sí gran cantidad de ideas, unas con otras, realizando así una síntesis más objetiva.

d. Son, por constitución, más vigorosas, y tienen a su disposición una reserva excepcional de energía física y psíquica. Su universo es, por tanto, más complicado, y viven también, por lo general, una vida más compleja.

e. Tienen más contacto que otras personas con la vida de lo inconsciente; con la fantasía, el ensueño, el mundo de la imaginación.[7]

Mientras quedo pendiente del doctor Barron y de sus colegas para sintetizar sus observaciones clínicas en tests psicométricos formales, me veo obligado a confiar en técnicas empíricas, mucho más anticuadas, para descubrir estas «dinamos creadoras». Siempre que veo en la televisión algún anuncio destacado, busco primero quién lo ha escrito. Llamo después por teléfono al redactor en cuestión y le felicito por su trabajo. Una estadística ha demostrado que las personas creadoras trabajarían mejor en Ogilvy, Benson & Mather que en cualquier otra agencia, por lo cual mi llamada telefónica produce, con frecuencia, una solicitud formal de trabajo.

Pido entonces al candidato que me envíe los seis mejores anuncios y textos comerciales que haya redactado. Esto revela, entre otras cosas, si puede reconocer un buen anuncio a simple vista o si es tan solo el instrumento de un hábil supervisor. A veces visito a mi «víctima» en su casa. Diez minutos después de cruzar el umbral, puedo decir si posee una mente bien dotada, la clase de buen gusto que tiene, y si es lo bastante optimista para soportar las fuertes presiones a las que ha de estar sometido un publicitario.

7. Barron, Frank, «The Psychology of Imagination», *Scientific American*, septiembre 1958.

Recibimos cada año centenares de solicitudes de empleo. Me muestro particularmente interesado por aquellas procedentes del Medio Oeste. Contrataría más a gusto a un joven ambicioso de Des Moines que a un fugitivo de alto precio de alguna rutilante agencia de Madison Avenue.

Cuando observo a los políticamente correctos y aburridos, recuerdo a Roy Campbell y su poema «South African Novelists» («Sobre algunos novelistas sudafricanos»):

Alabas la firme moderación con la que escriben
estoy contigo allí, por supuesto.
Usan la rienda y el freno muy bien;
pero ¿dónde está el caballo sangriento?

Dedico especial atención a las solicitudes que vienen de Inglaterra. Algunos de nuestros mejores redactores son ingleses. Son bien educados, trabajan duramente, son menos convencionales y más objetivos en sus contactos con los consumidores americanos.

La publicidad es un negocio de *palabras*, pero las agencias están infestadas de hombres y mujeres que no saben escribir. No pueden redactar anuncios, ni pueden escribir proyectos. Son tan inútiles como lo sería una compañía de sordomudos en el escenario del Covent Garden.

Se afirma que la mayoría de responsables hoy en día de la publicidad (tanto agentes como clientes) son así de convencionales. Nuestra sociedad actual necesita una publicidad original, pero vuelve fríamente la espalda a la clase de hombres que pueden producirla. Este es el motivo por el cual son tan infernalmente insulsos la mayor parte de los anuncios. Albert Lasker consiguió sesenta millones de dólares en publicidad, gracias al hecho de que pudo digerir las genialidades de sus grandes redactores: John E. Kennedy, Claude C. Hopkins y Frank Hummert.

Algunas de las agencias «mamut» se ven actualmente dirigidas por personas de la segunda generación, que llegaron hasta la cumbre de sus respectivas organizaciones, simplemente porque eran nombres que abrían más puertas. La amarga verdad es que, a pesar del sofisticado aparato de las modernas agencias, la publicidad no obtiene los resultados que acostumbraba lograr en los crudos días de Lasker y Hopkins. Nuestro negocio necesita transfusiones masivas de *talento*. Y el talento, creo, es más probable encontrarlo entre los inconformistas, disidentes y rebeldes.

No hace mucho que la Universidad de Chicago me invitó a participar en unas reuniones sobre organización de la creación. La mayoría de los asistentes eran profesores eruditos de psicología que hacían del estudio de lo que ellos denominan CREATIVIDAD, una cuestión de confianza. Sintiéndome como una mujer embarazada ante una convención de profesores de obstetricia, les dije lo que pensaba acerca del proceso de creación, partiendo de mi experiencia como jefe de setenta y tres redactores y artistas.

El proceso de creación requiere algo más que la simple razón. La mayor parte del pensamiento original no tiene expresión verbal. Es «un tanteo de experimentación con las ideas, gobernado por presentimientos intuitivos e inspirado por lo desconocido». La mayoría de hombres de negocios son incapaces de desarrollar un pensamiento original, porque no pueden escapar a la tiranía de la razón. Sus imaginaciones están bloqueadas.

Soy casi incapaz de desarrollar el pensamiento lógico, pero he puesto en práctica algunas técnicas para mantener en comunicación la línea telefónica con mi subconsciente, para cuando este tiene algo que decirme. Oigo gran cantidad de música. Mantengo una cordial amistad con John Barleycorn. Tomo largos baños calientes. Me dedico a la jardinería. Observo a los pájaros. Doy largos paseos por el campo. Me concedo frecuentes vacaciones, de forma que mi cerebro permanezca ocioso. Nada de golf, ni cócteles, ni tenis, ni bridge, ni concentración. Solo una bicicleta… Mientras estoy así, dedicado a no hacer nada, recibo una corriente constante de telegramas de mi subconsciente, y estos se convierten en materia prima para mis anuncios. Pero se requiere algo más: trabajo duro, una mente abierta y una curiosidad sin límites.

Muchas de las más grandes creaciones del hombre han sido inspiradas por el deseo de *hacer dinero*. Cuando Georg Friedrich Haendel estaba a la última pregunta, se encerró por espacio de veintiún días y salió de su estudio con la partitura completa del «Mesías». Acertó plenamente. Muy pocos de los temas del «Mesías» eran originales. Haendel los extrajo de su subconsciente, donde habían estado retenidos desde que los oyó en obras de otros compositores o desde que los compuso para sus olvidadas óperas propias.

Al final de un concierto en el Carnegie Hall, Walter Damrosch preguntó a Rachmaninoff cuáles eran los sublimes pensamientos que habían pasado por su cabeza, mientras observaba al auditorio durante la ejecución de su co cierto. «Estaba calculando el aforo del local», dijo Rachmaninoff.

Si los estudiantes de Oxford cobrasen por su trabajo, yo habría realizado milagros de escolaridad. La verdad es que hasta que no empecé a obtener grandes beneficios en Madison Avenue, no empecé a trabajar en serio.

En el mundo moderno de los negocios, es inútil ser un creador o un pensador original, a menos que uno pueda también *vender* lo que su creación forje. No puede esperarse de un director de empresa que reconozca una buena idea si no se la presenta un buen vendedor. En mis catorce años de Madison Avenue solo he tenido una gran idea, pero fui incapaz de *venderla*.

(Deseaba que la International Paper abriese al público sus 26 millones de acres de bosques para hacer acampada,

pescar, cazar, tumbarse en la hierba y observar los pájaros. Insinué que un gesto tan sublime solo tendría comparación con la Biblioteca Carnegie y la Fundación Rockefeller. Era una buena idea, pero fracasé al venderla.)

Finalmente, he observado que ninguna organización creadora, tanto si se trata de un laboratorio de investigación, una revista, una cocina de París o una agencia de publicidad, podrá producir una gran cantidad de trabajo *si no está dirigida por un sujeto formidable.* El Cavendish Laboratory de Cambridge fue grande a causa de Lord Rutherford. *The New Yorker* fue grande gracias a Ross. El Majestic fue grande merced a *monsieur* Pitard.

No todo el mundo disfruta trabajando en el *atelier* de un maestro. El deseo de independencia de criterio corroe el trabajo de muchos, que acaban llegando a la conclusión de que: «Mejor reinar en el Infierno, que servir en el Cielo», o bien, «más vale ser cabeza de ratón que cola de león».

Pero, casi siempre, los que dejan mi *atelier* descubren que su paraíso se ha perdido. Pocas semanas después de su partida, uno de ellos, corroído por la independencia, me escribió:

Cuando dejé su agencia, estaba preparado para sentir melancolía. Pero lo que sentí fue angustia. Nunca en mi vida me había encontrado tan desolado. Supongo que este es el precio que hay que pagar por el privilegio de haber pertenecido a una élite. Hay tan pocos por aquí.

Cuando un buen elemento se va, sus compañeros se preguntan las causas de su marcha. Sospechan, generalmente, que ha sido expulsado por la dirección. Recientemente he encontrado una forma de evitar estos malentendidos. Cuando dimitió mi joven jefe de redacción para convertirse en vicepresidente de otra agencia, él y yo intercambiamos unas cartas, al estilo de la correspondencia que cruza un ministro del Gobierno con el primer ministro. Fueron reproducidas en la revista de nuestro personal. El querido «desertor» escribió:

> Debe aceptar mi agradecimiento por todo cuanto soy como publicitario. Usted me inventó y me ha enseñado todo lo que sé. Dijo usted en una ocasión que se había encargado de mi instrucción durante esos años, y es verdad.

Le contesté con cortesía:

> Ha sido una gran experiencia observar su ascenso, en once breves años, desde aprendiz de redactor hasta redactor jefe. Usted ha llegado a ser uno de nuestros mejores creadores de campañas.
>
> Usted trabaja duro y rápido. Su vitalidad y resistencia hicieron posible que permaneciese tranquilo y animoso —contagiosamente animoso— a través de todas las dificultades que se encuentran los jefes de redacción.

Pocos de los grandes creadores tienen personalidades anodinas. Son cascarrabias egoístas, el tipo de hombres que no son bienvenidos en la empresa moderna. Pensemos en Winston Churchill. Bebía como un pez. Era caprichoso y obstinado. Cuando uno se le oponía se enfurruñaba. Era grosero con los tontos. Era salvajemente extravagante. Lloraba a la menor provocación. Su conversación era rabelaisiana.

Era desconsiderado con su personal. Sin embargo, Lord Alanbrooke, su Jefe de Estado Mayor, escribió:

> Siempre recordaré los años que trabajé con él como de los más difíciles de mi vida. Por todo ello, doy gracias a Dios por haber tenido la oportunidad de trabajar junto a un hombre como él, y de que se me abrieran los ojos que de vez en cuando existen superhombres en esta tierra.

2

CONSIGUIENDO CLIENTES

Hace quince años era un oscuro cultivador de tabaco en Pensilvania. Hoy presido una de las mejores agencias de publicidad de Estados Unidos, con cifras de negocio del orden de los 66 millones de dólares anuales, una nómina de 6 millones de dólares y oficinas en Nueva York, Chicago, Los Ángeles, San Francisco y Toronto.

¿Cómo pudo ocurrir esto? No lo sé, pero como dicen mis amigos, los *amish*, es algo maravilloso.

Aquel lejano día de 1948, cuando me instalé en mi mesa de trabajo, dicté la siguiente orden del día:

Esta es una nueva agencia en lucha por la vida. Durante algún tiempo estaremos mal pagados y sobrecargados de trabajo.

Al contratar personal, la elección recaerá sobre la juventud. Buscamos jóvenes con ganas de trabajar. No hay sitio para los aduladores ni para los vagos. Busco solo hombres con cerebro.

Todas las agencias son exactamente lo grandes que merecen ser. Estamos poniendo la nuestra en marcha sobre una delgada maroma consistente en algo así como un cordón de zapatos. Pero vamos a hacer de ella una gran agencia antes de 1960.

Al día siguiente, hice una lista de los cinco clientes que consideraba necesario conseguir. En ella figuraban las firmas General Foods, Bristol-Myers, Campbell Soup Company, Lever Brothers y Shell.[8]

Nunca antes se había visto que anunciantes de esta magnitud se comprometiesen con agencias principiantes. Cuando el director de una agencia «mamut» solicitó la cuenta de cigarrillos Camel, prometió asignarle treinta redactores. Pero el sagaz cliente le replicó: «¿Y por qué no me envía uno bueno?». Así pasó esta cuenta a manos de un joven redactor llamado Bill Esty, que ha permanecido veintiocho años en la agencia.

En 1937, Walter Chrysler concedió la cuenta de los coches Plymouth a Sterling Getchel, que entonces tenía treinta y dos años. En 1940 Ed Little cedió la mayor parte de la cuenta Colgate a un desconocido llamado Ted Bates. Y General Foods descubrió a Young & Rubicam, cuando esta agencia llevaba tan solo un año en marcha. Escribiendo sus memorias, ya retirado, John Orr Young —uno de los fundadores de Young & Rubicam— ofrecía este consejo a los fabricantes en busca de una agencia:

> Si eres lo bastante afortunado para hallar algún joven con esa osadía y energía especial que se necesitan para montar un negocio propio, podrás lograr grandes beneficios al tener a tu servicio a una tan valiosa individualidad, de incuestionable calidad.
>
> Es fácil sentirse sugestionado por extensiones de mesas, departamentos y otras dependencias de una agencia «a escala colosal». Pero lo que verdaderamente cuenta es la auténtica potencia motriz de la agencia, la potencia creadora.

---

8. Acertar en la diana de tales firmas era un acto de loca presunción. Pero todas las marcas citadas fueron clientes de Ogilvy, Benson & Mather.

Muchos éxitos publicitarios fueron cosechados por anunciantes que se beneficiaron de la ambición y la energía de una organización publicitaria que todavía tenía ante sí el largo camino de tener que ganarse una reputación.[9]

En la época de mi entrada en escena, los grandes anunciantes se habían vuelto más cautos. Dios se había puesto del lado de «los grandes ejércitos». Stanley Resor, que era director de J. Walter Thompson desde 1916, me previno:

La enorme concentración industrial y la creación de grandes grupos de empresas quedan reflejadas en el mundo de la publicidad. Las grandes campañas requieren ahora una gama tan amplia de servicios que solo las agencias enormes pueden llevarlas a cabo. ¿Por qué no guardas en un cajón tu pipa de los sueños y te unes a J. Walter Thompson?

A las nuevas agencias, actualmente embarcadas en la conquista de sus primeros clientes, les lego gustosamente una pieza maestra, que obraba maravillas durante mis primeros tiempos. Tenía por costumbre pedir a los clientes prospectados que considerasen el ciclo de vida de una agencia típica, la regla inevitable del orto y el ocaso, de la dinamita y el aborregamiento:

Cada equis años nace una nueva agencia. Es ambiciosa, trabaja duramente, está llena de dinamita. Consigue clientes que pertenecían a viejas agencias. Realiza una gran labor.

Pasan los años. Los fundadores de la agencia se hacen ricos. Están cansados. Desaparece su fuego creador. Se convierten en volcanes apagados.

---

9. John Orr Young, *Aventuras en la publicidad,* Harper, 1948.

La agencia puede continuar progresando. Su ímpetu inicial no ha desaparecido. Tiene potentes conexiones. Pero se ha hecho demasiado grande. Produce campañas grises y rutinarias, basadas en el eco de viejas victorias. Se produce el estancamiento. Se intenta presentar el éxito de los servicios colaterales para disimular la bancarrota de las facultades creadoras de la agencia. En esta fase empieza la pérdida de clientes, que pasan a nuevas agencias llenas de vitalidad, porque son despiadadas advenedizas que trabajan duramente y que ponen toda su dinamita en los anuncios.

Todos podemos señalar a famosas agencias que están moribundas. Se oyen en sus pasillos cuchicheos desmoralizadores, mucho antes de que la verdad se manifieste entre sus clientes.

Al llegar a este punto, siempre podía observar que mi cliente en prospección se esforzaba por disimular el hecho de que había dado en el blanco. ¿Estaba por ventura describiendo la agonía de su agencia?

Hoy, catorce años después, sufro las arremetidas de esta astuta y reprobable estratagema. Mi sabio tío, sir Humphrey Rolleston, acostumbraba a decir de los médicos: «Primero ganan dinero, después ganan honores, y después se vuelven honestos». Me estoy acercando ahora a la fase de la honestidad. Pero todo era distinto cuando mi cuenta bancaria estaba vacía. Como decía el rey pirata de Gilbert:

Cuando acometo en busca de mi presa,
me ayudo en pos de mi camino real,
hundo en verdad más barcos, en esta fiera empresa,
que cualquier rey panzudo y patriarcal.
Aunque reyes hay que, en un pomposo trono,
para poder decir, ¡es mía la Corona!

han de pasar, sin gloria y poco tono,
por trances más sórdidos que yo con mi tizona.

Siguiendo el consejo de Henry Ford a sus concesionarios de que no abandonasen jamás la visita personal, empecé buscando anunciantes que no hubiesen utilizado todavía ninguna agencia, partiendo del supuesto de que no poseía prestigio ni referencias para desplazar a cualquier agencia titular. Mi primera diana la conseguí en la empresa Wedgwood China, que invertía unos 36.000 dólares anuales. Wedgwood y su jefe de publicidad me recibieron con la mayor corrección.

Detestamos las agencias —dijo Wedgwood—. No son sino una molestia. Por ello nos hacemos nosotros mismos nuestros propios anuncios. ¿Puedes señalar en ellos algún error?

Por el contrario —contesté—. Me gustan mucho. Pero si ustedes permiten que yo compre el espacio para su empresa, los medios me darán una comisión. Y a ustedes no les costará nada mi colaboración.

Hensleigh Wedgwood es un hombre amable. A la mañana siguiente me escribió una carta comunicándome mi nombramiento, a la que respondí con un telegrama: «Sonarán las campanas al estilo *Kent Treble Bob Major*»:[10] estábamos en el negocio.

Pero mi capital social era solamente de 6.000 dólares. Apenas alcanzaba para mantenerme a flote hasta la llegada de la primera comisión. Afortunadamente, mi hermano ma-

---

10. Un estilo de campanadas que hace referencia a la novela de Dorothy Sayers en su novela *The Nine Tailors* (*Los nueve sastres*) donde el protagonista Lord Peter Wimsey y sus compañeros desarrollan el arte de tocar las campanas en una iglesia parroquial local. El autor hace referencia a este timbre de campana para referir su logro. (*N. del E.*)

yor, Francis, era el director gerente de Mather & Crowthler, Ltd., una venerable y distinguida agencia de publicidad de Londres. Vino a salvarme del naufragio persuadiendo a sus socios para que incrementasen mi capital y me cediesen su nombre. Mi viejo amigo Bobby Bevan, de S.H. Benson Ltd., otra agencia inglesa, fue el siguiente en apoyarme, y sir Francis Meynell obtuvo de sir Stafford Cripps la autorización para poder efectuar inversiones en ultramar.

Bobby y Francis me instaron a que buscase un americano para la presidencia de la agencia. No creían que un paisano suyo pudiese convencer a los fabricantes americanos de que estos le confiasen sus campañas. Esperar que un inglés (o incluso un escocés como yo) tuviese éxito en la publicidad americana, era realmente absurdo: la publicidad no forma parte del genio británico, puesto que a los habitantes de las islas les resultó siempre odiosa la sola idea de la publicidad. Como aseguró *Punch* en 1848: «Seamos, hasta donde sea necesario, una nación de tenderos. Pero no creemos que haya necesidad de convertirnos en una nación de anunciantes». De los 5.500 caballeros, *baronets*[11] y pares del Reino, solo hay *uno* que sea publicitario.

(Los prejuicios contra la publicidad y los que la practican, son bastante menos marcados en los Estados Unidos. Neil McElroy, un antiguo jefe de publicidad de Procter & Gamble, fue nombrado secretario de Defensa durante la administración Eisenhower. Chester Bowles, graduado en Madison Avenue, se convirtió en gobernador de Connecticut, embajador en la India, y subsecretario de Estado. Pero, incluso en Estados Unidos, es raro que los hombres dedicados a la publicidad figuren en cargos gubernamentales importantes. Es una lástima, porque algunos de ellos tienen

---

11. Título hereditario otorgado por la Corona británica, superior al de caballero e inferior al de barón. *(N. del E.)*

mejores cualidades que la mayoría de hombres de leyes, profesores, banqueros y periodistas que resultan favorecidos. Los veteranos de la publicidad están mejor dotados para definir problemas y oportunidades, fijar metas a corto y a largo plazo, considerar resultados, dirigir ejércitos de ejecutivos, presentar claramente los hechos a las comisiones y actuar dentro de las limitaciones de un presupuesto. La observación de los candidatos más aventajados, procedentes de las agencias de publicidad, me hace creer que la mayoría de ellos eran más objetivos, mejor organizados, más vigorosos y más activos que sus rivales procedentes de las leyes, la enseñanza, la banca y el periodismo.)

Tenía muy poco para ofrecer al publicitario americano que resultase calificado para encabezar mi agencia. Invité a Anderson Hewitt a que dejase su oficina de J. Walter Thompson, en Chicago y se convirtiese en mi patrón. Era una verdadera dinamo de energía. No se sentía cohibido por la presencia de millonarios. Tenía relaciones tan influyentes que solo pensarlo se me hacía la boca agua…

Durante un año, Andy Hewitt nos proporcionó dos clientes espléndidos. Con la ayuda de John La Farge, que fue nombrado nuestro redactor jefe, nos trajo a la Sunoco. Y tres meses después, su suegro Arthur Page indujo al Chase Bank a contratarnos. Cuando íbamos escasos de capital, Andy Hewitt persuadió a J.P. Morgan & Company para que nos prestasen 100.000 dólares sin ningún aval, excepto la confianza de su tío Leffingwell, a la sazón presidente de Morgan.

Desgraciadamente, mi asociación con Andy no era del todo feliz. Tratábamos de ocultar nuestras diferencias al personal, pero los niños siempre se dan cuenta de los desacuerdos entre sus padres. Tras cuatro años de discordias, exacerbadas por las angustiosas presiones de nuestro éxito meteórico, la agencia empezó a dividirse en dos bandos. Después de muchos disgustos a causa de esta situación, Andy dimitió, y me convertí en el director. Me confortó el hecho de que Andy estaba llamado a realizar grandes cosas en otras agencias una vez libre de las trabas impuestas por un socio tan inaguantable como yo.

Cuando pusimos nuestra agencia en marcha, nos situamos en competencia con otras 3.000 agencias americanas. Nuestra primera tarea consistió en salir del anonimato, de forma que los posibles clientes nos incluyesen en su lista de «posibles». Tuvimos la suerte de realizar esta primera fase mucho más rápidamente de lo que jamás habíamos soñado. Puede ser útil a los amigos de las aventuras comerciales la descripción de cómo lo conseguimos.

Para empezar, invité a comer a diez reporteros de la prensa especializada en el ramo publicitario. Les hablé de mi tozuda ambición de hacer surgir una importante agencia de la nada. A partir de aquel momento, me hicieron valiosas confidencias y publicaron gratuitamente todas las gacetillas que les envié, por triviales que fuesen. ¡Dios los bendiga! Rosser Reeves afirmó que en nuestra agencia nadie iba al baño sin leer antes las noticias sobre nosotros aparecidas en la prensa.

Después seguí el consejo de Edward L. Bernay de no pronunciar más de dos conferencias por año. Cada conferencia estaba calculada para provocar la máxima agitación posible en Madison Avenue. La primera consistió en una charla en el Club de Directores Artísticos, de Nueva York, dando rienda suelta a todo cuanto sabía respecto a las artes gráficas en la publicidad. Antes de irme a casa, obsequié a cada director artístico, presente en mi auditorio, con una lista de las treinta y nueve reglas que creo que deben observarse para realizar buenas campañas.

Aquellas antiguas normas siguen todavía vigentes en Madison Avenue.

En mi siguiente conferencia, denuncié la vaciedad de los cursos publicitarios que se daban en las escuelas de publicidad, ofreciendo 10.000 dólares para ayudar a la creación de una escuela que otorgase títulos para ejercer esta disciplina. Esta proposición presuntuosa apareció en las primeras páginas de los diarios. Muy pronto, la prensa profesional optó por visitarme para comentar la mayor parte de las noticias. Dije siempre lo que pensaba, y nunca dejé de ser citado.

En tercer lugar, entablé amistad con hombres cuyas ocupaciones les mantuviesen en contacto con los principales anunciantes —investigadores, consejeros de relaciones públicas, ingenieros de dirección y vendedores de altura—. Vieron en mí una posible fuente de futuros negocios para ellos mismos, pero esta relación se tradujo también en meritorios escalones para la subida de nuestra agencia.

En cuarto lugar, me mantuve en contacto constante, por correspondencia, con 600 personas de cada sector de la vida americana. Los anunciantes más respetados leían este aluvión de correspondencia. Cuando, por ejemplo, solicité una parte de la vasta cuenta del *whisky* Seagram's, el director de dicha firma consideró los dos últimos párrafos de un discurso de dieciséis páginas que le había enviado poco antes y nos contrató.

Amigo lector, si te chocan estas confesiones con autobombo, puedo alegar en mi defensa que, si me hubiese comportado de una manera más profesional, habría necesitado veinte años para triunfar. No tenía ni tiempo ni dinero para esperar. Era pobre, desconocido, y tenía prisa por llegar.

Durante ese período, trabajé desde que apuntaba el día hasta medianoche, seis días a la semana, creando campañas para los clientes que habían contratado a nuestra incipiente agencia. Algunas de dichas campañas hicieron historia.

Para empezar, aceptamos a todos los posibles clientes (una tortuga de juguete, un cepillo patentado para el cabello, una motocicleta inglesa...). Pero estaba siempre atento a las soñadas cinco fichas azules de mi lista, y dedicando los escasos beneficios a forjar la clase de organización que, en mi opinión, atraería siempre su atención.

Siempre exhibía ante los clientes potenciales el dramático perfeccionamiento que se producía cuando Ogilvy, Benson & Mather se hacían cargo de las cuentas hasta entonces en poder de antiguas agencias: «En cada caso hemos abierto nuevos caminos y en cada caso *hemos incrementado las ventas*». Pero nunca podía mantener la cara seria cuando lo decía. Si las ventas de una empresa no se hubieran incrementado más de seis veces en los veintiún años anteriores, su crecimiento habría sido menor del correspondiente al término medio.

Algunas agencias «muy normales» tuvieron la buena fortuna de contar en su haber con clientes «muy normales» en 1945. Todo cuanto tenían que hacer consistía en asegurar las correas de su asiento y salir proyectados a enormes alturas en la curva de una economía común aerodinámica. Conseguir nuevos clientes en el momento en que las ventas totales del país están en auge, ya requiere habilidad por parte de una nueva agencia. Sin embargo, el verdadero valor se aprecia cuando la economía sufre las sacudidas de un receso. Entonces, los viejos fósiles quedan desplazados y solo se abren paso, a grandes zancadas, las agencias más fuertes y potentes.

Los primeros clientes son los más difíciles de conseguir, porque la agencia no tiene referencias ni antecedentes de haber logrado éxitos ni reputación. En esta fase es muy rentable presentar un estudio piloto realizado sobre algún aspecto del negocio del futuro cliente. Existen pocos fabricantes cuya curiosidad no les «haga picar» en el momento en que se les ofrezca mostrarles los resultados de tal estudio.

La primera vez que intenté esto fue con Helena Rubinstein, que había cambiado de agencia diecisiete veces en veinticinco años. Su campaña corría a cargo de una agencia propiedad de su hijo más joven, Horace Titus. Nuestra investigación de mercado reveló que esta publicidad carecía de resultados.

Madame Rubinstein no demostró gran interés por los resultados de nuestra investigación, pero cuando «descorché» algunos anuncios basados en ella, se irguió, mostrando un interés particular por las fotografías de mi esposa antes y después de someterse a un tratamiento en el salón Rubinstein. «Creo que su esposa tenía mejor aspecto antes», dijo *madame*.

Con gran sorpresa por mi parte, Horace Titus aconsejó a su madre retirar su cuenta de la agencia de la que era propietario, y pasármela a mí. Horace y yo nos hicimos grandes amigos, y lo fuimos hasta su fallecimiento, ocho años después.

En 1958 fuimos invitados por Esso (Standard Oil de Nueva Jersey) a mostrarles qué clase de anuncios crearíamos si nos contrataban. Diez días después les obsequié con un surtido de catorce campañas diferentes, y me llevé la campaña. (Además de la suerte, la fecundidad y el quemarse las pestañas estudiando son las mejores armas que pueden emplearse en la caza de nuevos clientes.)

Gastamos 30.000 dólares en una presentación especulativa de Bromo Seltzer. Se basaba en la tesis, fuertemente rebatida, de que la mayor parte de dolores de cabeza son de origen psicosomático. Pero LeMoyne Billings, entonces jefe de publicidad de Bromo Seltzer, prefirió la presentación realizada por otra agencia.

Hoy en día no disponemos de tiempo —ni de estómago— para la preparación de campañas especulativas. En vez de ello, mostramos nuestros archivos con lo realizado para otros anunciantes, explicamos nuestra política de trabajo y

presentamos a los jefes de nuestros departamentos. Trata-
mos de mostrarnos tal como somos en realidad, incluyendo
nuestros defectos. Si al futuro cliente le gusta nuestro aspecto, nos contrata. Si no le agradamos... bueno, entonces
estamos más tranquilos sin él.

Cuando las líneas aéreas holandesas KLM decidieron
cambiar de agencia, invitaron a Ogilvy, Benson & Mather,
y a otras cuatro, para que preparásemos campañas publicitarias en concurso. Fuimos los primeros en «examinarnos».
Inicié la reunión diciendo:

No hemos preparado nada. En vez de ello, nos gustaría
que nos dijesen algo acerca de sus problemas. A continuación pueden visitar ustedes las otras cuatro agencias que
figuran en su lista. Sabemos que todos han preparado
campañas muy bonitas. Si les gusta alguna de ellas, su
elección será fácil. En el caso de que no les gusten, pueden llamarnos de nuevo y contratarnos. Entonces nos me-
teremos de lleno en la investigación que precede siempre
a la preparación de cualquier campaña en nuestra agencia.

Los holandeses aceptaron esta escueta proposición. Cinco
días después, tras examinar las campañas especulativas pre-
paradas por las otras agencias, nos llamaron de nuevo y nos
contrataron.

No se puede generalizar. En algunos casos es más ven-
tajoso mostrar anuncios preparados de antemano, como
sucedió con Esso y Helena Rubinstein. En otros, es mejor
ser la única agencia que rehúse hacerlo, como en el caso de
la KLM. Las agencias que obtienen mayores éxitos en los
nuevos negocios son aquellas cuyos representantes muestran la más sensible perspicacia en la captación psicológica
del cliente potencial. La rigidez y el arte de vender son dos
cosas que no combinan.

Existe una estratagema que parece dar resultado satisfactorio en la mayoría de los casos: dejar que el cliente potencial lleve el peso de la conversación. Cuanto más escucha uno, más juicioso creen que es. Un día fui a visitar a Alexander Konoff, un viejo emigrante ruso que hizo una fortuna como fabricante de cremalleras. Tras mostrarme su fábrica de Newark me llevó de regreso a Nueva York en su Cadillac con chófer particular. Observé que llevaba consigo un ejemplar de *La Nueva República*, una revista izquierdista de escasos lectores.

¿Es usted demócrata o republicano? —le pregunté.
Soy socialista. Tomé parte activa en la Revolución rusa.

Le pregunté si conocía a Kerensky.

Aquella revolución NO —rugió Konoff—. La revolución de 1904. Era todavía un niño y tenía que andar cinco millas con los pies desnudos sobre la nieve para trabajar en una fábrica de cigarrillos. Mi verdadero nombre es Kaganovitch. El FBI cree que soy hermano del Kaganovitch miembro del Politburó. Están equivocados.

Soltó una risotada.

Cuando vine a América por vez primera, trabajé en Pittsburgh como maquinista, a cincuenta centavos la hora. Mi esposa era bordadora. Ganaba catorce dólares semanales, pero nunca se los pagaban.

Este arrogante millonario, antiguo socialista, estuvo contándome que había conocido íntimamente a Lenin y a Trotsky durante los días de su exilio. Le escuché. Por consiguiente, conseguimos su campaña.

El silencio puede ser oro. No hace mucho tiempo vino a verme el director de publicidad de los discos Ampex en busca de una nueva agencia. Por primera vez en mi vida, yo había comido demasiado bien y tenía muy pocas ganas de hablar. Todo cuanto pude hacer fue acompañar al posible cliente hasta un sillón y quedarme observándole en forma inquisitiva. Habló durante una hora, sin interrupción. Pude observar que mi actitud atenta y reflexiva le impresionaba. No todos los publicitarios aparecen tan taciturnos en estas ocasiones. Entonces, y ante mi horror, me planteó una pregunta.

¿Ha oído alguna vez, un disco Ampex?

Moví la cabeza, demasiado embotado para poder hablar.

Bien, es preciso que oiga nuestro equipo en su propia casa. Se presenta en estilos diferentes ¿Cómo está decorada su casa?

Me encogí de hombros, incapaz de hablar.

¿Moderna?

Moví la cabeza. Pausa silenciosa.

¿Americano primitivo?

Moví de nuevo la cabeza.

¿Siglo XVIII?

Asentí con gesto pensativo, pero retuve mi lengua.
Una semana después, llegó el Ampex. Era magnífico. Lástima que mis socios decidieran que la cuenta era dema-

siado pequeña para dar beneficios. Me vi obligado a retirarme.

El manejo de las campañas, una vez conseguidas, es un negocio profundamente serio. Uno se gasta el dinero de otras personas y la suerte de su empresa queda frecuentemente en nuestras manos. Pero considero un deporte la caza de nuevos clientes. Si se practica con el ceño fruncido, uno puede morirse de úlcera. Si se practica con espíritu deportivo, es una auténtica diversión. Juega para ganar, pero goza de buen humor.

En mi juventud, vendía cocinas AGA en la Ideal Home Show, en Londres. Cada venta requería un argumento personal, que me costaba cuarenta minutos de administrar. El problema consistía en escoger entre la multitud aquellos raros individuos lo bastante ricos para poder comprar mi cocina, que costaba 100 libras. Aprendí a conocerlos por su olor. Fumaban cigarrillos turcos.

Años más tarde, desarrollé técnicas similares para olfatear a los grandes anunciantes dentro de las multitudes. Una vez salí de un banquete del Consejo Escocés, en Nueva York, con el presentimiento de que cuatro de los hombres que había conocido por vez primera se convertirían un día en clientes míos. Y así ocurrió.

• • •

La cuenta de mayor envergadura que he obtenido es la de Shell. A los de Shell les gustaba el trabajo que habíamos realizado para Rolls-Royce, hasta el extremo de incluirnos en una lista de agencias que consideraron en aquel entonces. Enviaban a cada agencia un cuestionario completo y extenso.

Se da el caso de que ahora deploro la práctica de seleccionar agencias mediante cuestionario y he enviado docenas de ellos al cubo de la basura. Cuando una compañía llamada Stahl-Meyer me envió un cuestionario, les contesté: «¿Quién es Stahl-Meyer?». Pero, en cambio, pasé toda una noche preparando mis respuestas al cuestionario de Shell. Mis respuestas eran más cándidas de lo acostumbrado, pero creí que causarían una favorable impresión en Max Burns, director adjunto de la Filarmónica de Nueva York y presidente de Shell, en el caso de que solo fuesen sometidas a él. A la mañana siguiente supe que se había marchado a Inglaterra, por lo que volé a Londres, y dejé en su hotel un mensaje expresando mis deseos de verle. Casi había perdido la esperanza de entrevistarme con él cuando la telefonista me pasó el recado de que Burns deseaba comer conmigo al día siguiente. Como yo estaba comprometido con el secretario de Estado para Escocia, le envié a Burns la siguiente nota:

> El señor Ogilvy está invitado a comer con el secretario de Estado para Escocia en la Cámara de los Comunes. Ambos tendrían sumo placer en que usted se uniese a ellos.

Durante el camino hacia la Cámara de los Comunes —llovía a cántaros y llevábamos paraguas— pude hacer a Burns una síntesis de mis respuestas a su cuestionario. De nuevo en Nueva York, al día siguiente, me presentó al hombre que estaba a punto de sucederle como presidente de Shell, el destacado doctor Monroe Spaght. Tres semanas después, Monty Spaght me llamó para decirme que la campaña ya era nuestra.

Estaba tan atónito por esta noticia inesperada, que perdí mi aplomo habitual y solo pude balbucear: «Dios nos ayude».

Nuestro nombramiento para la campaña de Shell nos obligó a dejar de trabajar para Esso. Me gustaba la gente de Esso y estaba orgulloso de la parte que habíamos desempeñado en persuadirles para que salvasen su show semanal de televisión. David Susskind dijo en *Life*: «si existiese una Medalla de Honor del Congreso para el ramo de los negocios, el patrocinador de ese show se la merecería». Pero ignoraba, como es natural, que, con el fin de asegurar el patrocinio por Esso del citado programa, me había visto obligado a ceder totalmente mi comisión del 15 % a Lorillard, fabricantes de los cigarrillos Old Gold y Kent. Lorillard había contratado antes un espacio del programa, y solo mediante el ofrecimiento de cederles mi comisión (6.000 dólares semanales) les persuadí para que dejasen su contrato a Esso. Me sentí contrariado con Esso por haber rechazado resarcirme de mi sacrificio. Ninguna agencia puede permitirse el lujo de trabajar sin cobrar. Por consiguiente, transferí mi devoción a Shell.

He sufrido algunas veces aparatosos revolcones durante la «caza» de nuevos clientes. Cuando me entrevisté con sir Alexander H. Maxwell, director de la British Travel & Holidays Association, necesitábamos una nueva cuenta con urgencia. Ya de entrada me soltó:

Nuestra publicidad es buena, realmente muy buena. No tengo la más remota intención de cambiar de agencia.

Le contesté:

Cuando Enrique VIII se estaba muriendo, sus cortesanos estaban convencidos de que cualquier hombre que tuviese la osadía de comunicarle la terrible verdad moriría decapitado. Sin embargo, la razón de Estado obligaba a que hubiese un voluntario, y surgió Henry Denny. El rey Enrique quedó tan agradecido a Denny por su valor que le regaló un par de guantes y le concedió una condecoración. Sir Henry Denny era antecesor mío. Su ejemplo me da aliento para decirle que *su publicidad es muy mala.*

Maxwell estalló en cólera y nunca más volvió a dirigirme la palabra. Pero, poco después, nos concedió la campaña de la British Travel a condición de que yo no tomase parte en ella. Durante muchos años mis socios tuvieron que ocultarle el hecho de que precisamente era yo quien tenía a mi cargo esa campaña. Tuvo tanto éxito que el número de visitantes americanos a Gran Bretaña se cuadruplicó en diez años. En los años siguientes, Gran Bretaña obtuvo más beneficios del turismo que cualquier otro país europeo, excepto Italia. «Para una isla tan húmeda y tan pequeña, resulta un éxito vertiginoso», dijo *The Economist.*

Sir Alexander Maxwell se retiró un buen día y, entonces, pude salir de mi incógnito. El hombre que ahora ocupa su puesto es Lord Mabane, un exministro. Cuando voy a Inglaterra acostumbra a enviar su coche a recogerme para conducirme a Rye, donde habita en la casa que fue de Henry James. Su chófer dejó una vez sorprendida a mi esposa cuando le ofreció uno de sus *gums*,[12] al saber que era americana.

Los clientes ingleses acostumbran a emplear sirvientes muy originales. El mayordomo de la residencia para invitados de la casa Rolls-Royce, cerca de Derby, entró sin llamar en nuestro dormitorio una calurosa mañana de verano. Allí estaba mi esposa durmiendo. Acercando su cara de luna a su oído, le preguntó: «¿Escalfados o fritos, señora?».

Nuestra persecución de la campaña de la Armstrong Cork fue todavía más extraña. Para empezar, se me ordenó comer con Max Banzhaf, el jefe de publicidad, en su club de golf,

---

12. Una golosina con textura chiclosa de diversos sabores, fabricada por primera vez por Rowntree (*N. del E.*)

«La campaña de "Visite Gran Bretaña", en Estados Unidos, nos trajo como contrapartida la de Visite Estados Unidos, en Gran Bretaña. Millares de ingleses que ignoraban que visitar Norteamérica podía ser tan económico, hicieron sus maletas cuando esta campaña se desarrolló…».

en los alrededores de Lancaster, Pennsylvania. Nuestra mesa parecía un campo de juego. Durante más de dos horas, Max me deleitaba con anécdotas de golf. Su concepto del reparto de la publicidad parecía girar exclusivamente alrededor de la capacidad de los publicitarios para golpear pelotas. ¿Podía yo compartir su amor por el golf?

Nunca en mi vida he asistido a un partido. Pero, si llego a admitirlo en aquel momento, habría destruido mis oportunidades de hacerme con la campaña. Por consiguiente, musité una ambigua evasiva, con el pretexto de que carecía de tiempo para practicar. Max sugirió que jugásemos un partido. Alegué que no había traído mi equipo. «Ya le prestaré el mío», replicó.

Pero Max aceptó la nueva excusa que presenté entonces y que me parece que se basaba en algo relativo a mi digestión.

Antes de marcharme, me explicó que el único impedimento que quedaba por superar para el buen éxito de mi candidatura residía en el hecho de que Henning Prentis, su presidente, era íntimo amigo de Bruce Barton, cuya agencia había monopolizado prácticamente toda la publicidad de Armstrong durante cuarenta años.

Al día siguiente, la suerte se puso de mi lado. La Donegal Society me invitó a hacer un discurso en su reunión anual en una de las iglesias presbiterianas más antiguas de los Estados Unidos. Tenía que hablar desde el púlpito y Prentis estaría presente. Mi sermón se fijó para el 23 de junio, aquella maravillosa víspera de san Juan en que nacieron mi abuelo y mi padre y en que yo también nací.[13] Como tema, escogí el de mis compatriotas y su contribución a la formación de América, sin referirme directamente al único escocés de Madison Avenue.

---

13. Mi padre me apostó una vez 100 a 1 a que yo no podría continuar esta notable serie. No he podido lograr todavía tal hazaña.

Ralph Waldo Emerson y Tomás Carlyle fueron una vez a pasear por la campiña escocesa. Cuando Emerson vio el pobre suelo de los alrededores de Ecclefechan, le preguntó a Carlyle:

«¿Qué se obtiene de una tierra como esta?».

«Obtenemos HOMBRES», replicó Carlyle.

¿Qué clase de hombres se cosechan en aquel pobre suelo escocés? ¿Y qué es de ellos cuando vienen a los Estados Unidos?

Trabajan duramente. Fui educado, con el proverbio favorito de mi padre («El trabajo duro nunca mató a nadie») sonando en mis oídos.

Patrick Henry era escocés, y John Paul Jones era hijo de un jardinero escocés. Allan Pinkerton vino de Escocia y puso en marcha el servicio secreto americano. Fue Pinkerton quien descubrió el primer complot para asesinar a Lincoln, en febrero de 1861. Treinta y cinco jueces del Tribunal Supremo de los Estados Unidos han sido escoceses. Y también numerosos industriales, incluyendo a uno que tanto ha hecho por la prosperidad y cultura de vuestro propio condado de Lancaster. Se trata de Henning Prentis, de la Armstrong Cork Company, y se encuentra aquí, entre nosotros.

Desde mi ventajosa posición en el púlpito pude observar la reacción de Prentis a esta frase. No pareció descontento. Pocas semanas después convino en transferir parte de la campaña de Armstrong a nuestra agencia.

De todos los concursos relacionados con nuevos clientes en que formé parte, el que reunió a mayor número de concursantes fue el del United States Travel Service (Servicio de Viajes a los Estados Unidos). No menos de 137 agencias lanzaron al ruedo sus propuestas. Nuestras campañas para Gran Bretaña y Puerto Rico habían conseguido tanto éxito que estábamos singularmente calificados para promocionar los Estados Unidos como meta turística. Trataba de inocular a los europeos mi propia pasión por los Estados Unidos. Había pasado mi vida anunciando pasta dentífrica y margarina; ¡qué cambio tan grato resultaría el anunciar los Estados Unidos!

Muchas de las agencias que competían por la campaña estaban en condiciones de aportar influencia política en apoyo de su nombramiento. Yo carecía de ella. Sin embargo, pudimos llegar a figurar en una breve lista de seis semifinalistas y fuimos invitados a realizar una presentación en Washington. El secretario adjunto de Comercio, William Ruder —vecino, en su vida privada, de Madison Avenue— me sometió a un despiadado bombardeo de preguntas y más preguntas que sirvieron para descubrir el único punto flaco que existía en mi caso: la falta de sucursales en el extranjero.

Tras haber realizado mi presentación a más de un centenar de posibles clientes, he llegado a poder darme cuenta, hacia el final de las entrevistas, de si he ganado o he perdido. Aquella tarde me pareció que había perdido y regresé desolado a Nueva York. Pasaron diez días, y todavía no se había hecho ninguna declaración oficial. Fui consolado por mi personal e, incluso, llegamos a cruzar apuestas sobre cuál de nuestros competidores ganaría. Inesperadamente, un sábado por la tarde me llamaron de Western Union: el secretario de Comercio había encargado a Ogilvy, Benson & Mather la realización de la publicidad en Gran Bretaña, Francia y Alemania del «Visiten los Estados Unidos».

Este es el telegrama más glorioso que he recibido nunca desde que Oxford me telegrafió la concesión de mi beca en el Christ Church, treinta años atrás. Cada anuncio que redacto hoy para el United States Travel Service es la carta del «pan con mantequilla» de un inmigrante agradecido.

Antes de poner en marcha nuestra campaña, previne al Departamento de Comercio de los Estados Unidos de que estaba destinada a levantar severas críticas:

> El ataque surgirá cuando aparezca nuestro primer anuncio. *Digamos lo que digamos* en esos anuncios, vamos a estar sometidos a feroces críticas. Conozco esto por mi experiencia a través de la publicidad británica de turismo.
>
> Pero, en última instancia, nuestra campaña solo puede ser atacada o defendida en base a los *resultados* que *obtenga*.

La investigación ha demostrado que nuestro único y mayor obstáculo radicaba en el hecho de que los europeos tenían un concepto exagerado del coste de la visita a Estados Unidos. Decidimos atacar el problema por su base. En vez de prometer, de forma general, que se puede dar una vuelta por América «por menos de lo que usted supone», dimos una cifra específica: 100 dólares por semana. Se llegó a ella tras una cuidadosa verificación. Por ejemplo, antes de decidirnos sobre el precio mínimo razonable de una habitación de hotel en Nueva York, enviamos a una de nuestras colaboradoras a comprobar la comodidad y aspecto de las camas del hotel Winslow, que acostumbra a cobrar seis dólares por noche. Las encontró satisfactorias.

Pero nuestros críticos adoptaron la postura de considerar que 100 dólares por semana era una cifra demasiado baja. No estaban al corriente de las realidades del problema:

1. El viaje desde Europa había estado anteriormente limitado a los hombres de negocios con amplia cuenta de gastos y a los hombres ricos. Era de vital importancia ampliar ese mercado atrayendo a turistas con me-

dios más modestos. Fort Knox estaba perdiendo oro y se necesitaban divisas urgentemente.

2. Mientras que más de la mitad de las familias de Estados Unidos cuentan con rentas que exceden de 6.000 dólares, tan solo el 3 % de las familias de Inglaterra tienen rentas de esa magnitud. Por tal motivo era importante poner nuestro producto al alcance de tales familias, al precio más reducido posible. Siempre podrían gastar más si fuese necesario.

3. Argumenté que es mejor, para los europeos de renta limitada, visitar los Estados Unidos —teniendo incluso que hacer economías— que dejar de venir. La emoción de ver Nueva York, San Francisco y los amplios espacios sin fin, supera, con mucho, las penalidades sufridas para economizar. Los turistas extranjeros aportan hoy esas divisas tan necesarias. Y la investigación demuestra que, en su inmensa mayoría, regresan a sus hogares con una actitud más favorable hacia los Estados Unidos.

Nuestros anuncios constituyeron un récord de atención y lectura al publicarse en los periódicos europeos. Se produjeron tantas consultas que las oficinas en Londres, París y Fráncfort del United States Travel Service tuvieron que trabajar horas extraordinarias.

Nuestra campaña promovió una avalancha de publicidad editorial sin precedentes en la historia. El *Daily Mail* envió a los Estados Unidos a su más destacado periodista. En su primer artículo afirmó:

Por lo visto, al mismo tiempo que el presidente Kennedy nos invitó a todos los europeos a probar la novedad de hacer turismo en los Estados Unidos, recomendó confidencialmente a los 180.000.000 de americanos que fuesen amables con nosotros. Porque, si no fue así, ¿qué otra explicación podría darse a la desconcertante generosidad, a la abrumadora amabilidad y a la extrema cortesía de que hemos sido objeto por el pueblo americano en todo momento?

El *Daily Express* dio instrucciones a su corresponsal en Nueva York para que escribiese una serie de artículos sobre el particular. Un editorial del *Manchester Guardian* consideró ya como famosos nuestros anuncios, solo después de haber aparecido tres de ellos. El *Handelsblatt*, principal periódico financiero de Alemania, opinó:

> Se trata de una campaña muy importante. El United States Travel Service ha introducido su publicidad en el mercado turístico de la Alemania occidental.

El movimiento se demuestra andando. Ocho meses después de iniciarse nuestra campaña, el contingente turístico francés a los Estados Unidos aumentó un 27 %, el inglés un 24 % y el alemán un 18 %.

En 1956 participé en una singular aventura: una presentación conjunta con otra agencia. Ben Sonnenberg nos persuadió a Arthur Fatt (de la firma Grey) y a mí para solicitar la cuenta Greyhound Bus al alimón. Especificó que yo iba a «dar prestigio a la imagen del viaje en autobús», mientras que Grey iba a «poner muchos traseros en los asientos».

Fatt y yo volamos hacia San Francisco, donde tenía lugar una convención de Greyhound. En cuanto nos inscribimos en el hotel, me mostró su campaña. Su departamento de investigación había penetrado exactamente en el corazón del problema y sus redactores habían desarrollado un eslogan que ponía el dedo en la llaga: «Es muy cómodo tomar el autobús y dejar que nosotros conduzcamos».

Llamé inmediatamente al director de publicidad de Greyhound por el teléfono interior del hotel y le invité a reunirnos en la habitación de Fatt para decirle:

Arthur Fatt acaba de mostrarme la mitad de la campaña que le corresponde de nuestra presentación conjunta. Es de lo mejor que he visto. Le aconsejo que conceda toda la campaña a Grey. Para facilitar su decisión, me vuelvo ahora mismo a Nueva York.

Abandoné la habitación y Grey obtuvo el nombramiento.

No he creído nunca necesario obtener una campaña tan enorme que luego me dé miedo perderla. El día que ustedes lo hagan, se habrán lanzado a vivir en un temor continuo. Las agencias atemorizadas pierden el valor de dar consejos sinceros. Una vez que este valor se ha perdido, queda uno convertido en una especie de lacayo.

Esto fue lo que me indujo a rechazar una invitación para concursar en la campaña de Edsel. Escribí a Ford:

Su cuenta representaría la mitad de nuestra facturación total. Esto nos haría difícil sostener nuestra independencia de consejo.

Si hubiésemos entrado en la competición por Edsel y hubiésemos vencido, Ogilvy, Benson & Mather se habrían ido al cielo junto con Edsel.

Tomamos precauciones inmensas en la selección de nuestros clientes. Es verdad que hemos escogido pocos. Y que ellos nos han seleccionado a su vez. Pero perseveramos en este cometido. Cada año rechazamos un promedio de cincuenta y nueve cuentas poco deseables.

Generalmente, no se tiene en cuenta que no hay suficientes agencias de primera clase a las que acudir. Por ejemplo, cuando los fabricantes de jabón quedaron desligados de sus veintiuna agencias, solo aparecieron dos que pudiesen satisfacer sus normas.

Mi ideal consistiría en incorporar un nuevo cliente cada dos años. Un crecimiento más rápido nos forzaría a contratar nuevo personal sin tener apenas tiempo para adiestrarlo y a desviar excesivamente nuestra mejor potencia cerebral del servicio a nuestros clientes al difícil trabajo implicado por el *planning* de las primeras campañas para los nuevos. Busco clientes que coincidan con las diez normas siguientes:

1. El producto debe ser de tal categoría que nos haga sentirnos orgullosos de anunciarlo. En aquellas pocas ocasiones en que hemos promocionado productos que despreciábamos en nuestro fuero interno sufrimos rudos fracasos. Un abogado quizá tenga que defender a un asesino a sabiendas de que es culpable. Un cirujano tendrá que operar a un hombre que le desagrade. Pero ese desdoblamiento profesional no cuenta en publicidad. Se requiere una buena dosis de convicción personal en un producto antes de que un publicitario esté en condiciones de lanzarlo.

2. Nunca acepto una campaña a menos que crea que podemos realizar otra mejor que la anterior agencia. Cuando *The New York Times* nos encargó que cuidásemos de su publicidad, decliné dicha misión por considerar que no podríamos producir anuncios mejores que los que tan brillantemente tenían en marcha.

3. Me aparto de los productos cuyas ventas han ido descendiendo durante un largo período, porque esto casi siempre significa la existencia de una debilidad intrínseca en el producto, o que la dirección de la empresa es incompetente. Ninguna dosis de buena publicidad

es capaz de corregir ninguna de estas deficiencias. Por hambrienta que una nueva agencia pueda estar, es mejor restringirse y rechazar cuentas moribundas. Un cirujano de reconocido prestigio puede pasar por el trance de que se le muera un paciente ocasionalmente sobre la mesa de operaciones. Pero, para un joven cirujano, puede representar la ruina de su carrera. Siempre tuve miedo de que se me quedase muerta en la mesa de operaciones alguna de nuestras cuentas.

4. Es importante averiguar si al futuro cliente le importa que su agencia tenga beneficios. He pasado por la irritante experiencia de ayudar a ciertos clientes a convertirse en multimillonarios, mientras yo perdía la camisa trabajando para ellos. El promedio de beneficio obtenido por las agencias de publicidad es, ahora, de menos del 0,5 %. Estamos pasando por el delgado filo de una navaja al mantener el equilibrio entre el superservicio a nuestros clientes, yendo a comisión, o el subservicio, con peligro de ser fulminados.

5. Si es improbable que la cuenta resulte ventajosa, ¿ofreces, en cambio, oportunidad para crear una publicidad destacada? Nunca obtuvimos mucho beneficio con Guinness o Rolls-Royce, pero nos proporcionaron magníficas oportunidades de demostrar nuestra excelente capacidad creadora. No existe medio más rápido de poner en el mapa una nueva agencia. El único peligro estriba en que da una reputación desequilibrada. El mundo de los negocios asume que, si una agencia pequeña demuestra genialidad en la creación de grandes anuncios, debe resultar débil en investigación y marketing. Sucede raramente que, si una agencia alcanza un alto nivel en un departamento, pueda conseguirlo en todos los demás.

«Escribí mi primer anuncio a los treinta y nueve años de edad. Fue este, precisamente. Muy divertido… con una dudosa fuerza vendedora».

(Yo mismo fui clasificado precipitadamente como un buen redactor, pero considerado un ignorante en cualquier otra actividad. Esto me irritó extraordinariamente, porque mi mayor experiencia no radicaba en la redacción, sino en la investigación, ya que había llegado a dirigir el Audience Research Institute [Instituto de Investigación Pública] para el doctor Gallup.)

El mayor problema que acosa a las agencias es la producción de buenas campañas. Se obtienen con relativa facilidad buenos redactores, directores artísticos y productores de televisión, pero el número de hombres que pueden presidir el rendimiento creador conjunto de una agencia —quizá llegando a un centenar de nuevas campañas por año— puede contarse con los dedos de la mano. Estos extraños individuos deben ser personas capacitadas para facilitar la inspiración de una multitud abigarrada de escritores y artistas. Deben ser jueces seguros de la efectividad de las campañas presentadas para una amplia gama de productos diferentes. Deben ser buenos presentadores. Y deben tener una colosal vocación de quemarse las pestañas estudiando.

Circuló el rumor de que yo era uno de estos bichos raros, y ocurrió que varias de las grandes agencias desearon contratarme, contando, incluso, con la eventualidad de hacerse cargo del conjunto de mi agencia, con tal de obtener mi colaboración. Recibí ofertas de este tipo, de J. Walter Thompson, McCann-Erickson, BBDO, Leo Burnett y otras cinco agencias. Si a alguno de ellos se le hubiera ocurrido conquistarme con *dinero*, es posible que al final hubiese sucumbido. (Pero todos cometieron el error de suponer que yo estaba más interesado en un «desafío creador» del tipo que fuese.)

Una reputación creadora desequilibrada desautoriza prácticamente a una agencia para la obtención de grandes clientes. Pero hay que arriesgarse a poseerla si se espera salir alguna vez del anonimato. Hasta 1957, año en que Esty Stowell se unió a nosotros, nuestra agencia no adquirió una reputación de fortaleza en *todos* sus departamentos. Esty había sido vicepresidente ejecutivo de Benton & Bowles, agencia considerada entonces como la mejor de todas en el área de marketing. Esty era el símbolo que necesitábamos para borrar mi reputación de simple redactor; por lo demás, era un hombre muy capaz. Con un suspiro de alivio descargué sobre él la dirección de cada departamento de la agencia, con excepción de los dedicados a la creación. A partir de aquel momento, nuestra agencia empezó a marchar a grandes zancadas.

> 6. La relación entre un fabricante y su agencia de publicidad es casi tan íntima como la de un paciente y su médico. Hay que asegurarse de poder vivir felizmente con un posible cliente antes de aceptar su cuenta.

Cuando un futuro cliente viene a verme por primera vez, empiezo por tratar de averiguar *por qué* necesita cambiar de agencia. Si tengo razones para sospechar que ha sido la agencia quien le ha dejado, hago indicaciones preguntando a algún amigo de la agencia anterior. En una ocasión pude descubrir las razones por las que abandonaron a un cliente: su agencia anterior me informó diciéndome que lo que necesitaba era un psiquiatra y no una agencia de publicidad.

> 7. Evito a los clientes para quienes la publicidad es tan solo un factor marginal en su campaña de marketing. Poseen una fea tendencia a hacer incursiones en sus

presupuestos de publicidad siempre que necesitan dinero para otros fines. Prefiero a los clientes para quienes la publicidad es la esencia de la vida comercial. Nos vemos operando, entonces, en el corazón del negocio de nuestros clientes, en vez de hacerlo en la frívola periferia.

En conjunto, los clientes más rentables son los que fabrican productos de bajo coste por unidad, amplio mercado y gran frecuencia de compra. Dan origen a mayores presupuestos y a más oportunidades de éxito que las que ostentan los productos de alto precio y reducido consumo.

8. Nunca me hago cargo de *nuevos* productos antes de que salgan del laboratorio, a menos que se presenten junto con otros que hayan alcanzado ya una distribución nacional. Resulta más costoso para una agencia introducir un producto nuevo, a través de mercados de ensayo, que tratar con uno que ya esté en marcha. Ocho de cada diez productos perecen en mercados de ensayo. Con un margen de beneficio *de la mitad del uno por ciento,* no podemos exponernos a este riesgo.

9. Si uno aspira a producir gran publicidad, no tiene por qué aceptar como clientes a las *asociaciones.*

Hace algunos años fuimos invitados a competir por la cuenta de la Asociación de Fabricantes de Rayón. Me presenté oportunamente en su cuartel general y me llevaron a una pomposa sala de juntas.

Señor Ogilvy —me dijo el presidente—, estamos estudiando la capacidad de diversas agencias. Dispone usted exactamente de quince minutos para exponer su caso. Pasado este espacio de tiempo, haré *sonar este timbre* y le sustituirá en el uso de la palabra el representante de la siguiente agencia, que espera fuera.

Antes de entrar en materia, les hice tres preguntas:

¿Cuántos usos del rayón debe cubrir nuestra campaña?

Respuesta: neumáticos de automóviles, tejidos, productos industriales, prenda de señora y caballero.

¿De cuánto dinero se dispone?

Respuesta: de 600.000 dólares.

¿Cuántas personas han de dar el visto bueno a los anuncios?

Respuesta: los doce miembros del comité, en representación de doce fabricantes.

Toque el timbre —dije.

Y salí de la habitación. Estas son las condiciones que prevalecen en las cuentas de las asociaciones. Demasiados dueños, demasiados objetivos y muy poco dinero.

10. A veces, un cliente potencial solicita nuestros servicios a condición de que contratemos a un individuo que consideran como indispensable para la dirección de su publicidad. Las agencias que aceptan este juego se encuentran con un ejército de individuos que, en sus reuniones, hacen castillos en el aire, ignoran en abso-

> luto a sus superiores y ponen trabas a su dirección. He contratado, a veces, hombres capaces, aunque con la condición de que no trajeran consigo a sus clientes básicos.

Por mucho que se investiguen los posibles clientes, es materialmente imposible apreciar si cumplirán con todos estos puntos *hasta que uno se encuentra cara a cara con ellos*. Se queda uno entonces en una delicada posición, ofreciendo su agencia y extrayendo al mismo tiempo del futuro cliente la información suficiente sobre él y sobre su producto para decidir si la cuenta interesa o no. Resulta siempre más positivo escuchar que hablar.

En mis primeros tiempos, cometí a veces el pecado de no demostrar suficiente entusiasmo por la cuenta que estaba solicitando. Mi estilo era más bien retraído. Cuando Ted Moscoso, el brillante titular de la Operación Bootstrap[14] de Puerto Rico, vino a verme, se fue con la impresión de que me era totalmente indiferente que nos contratase o dejase de hacerlo. Me costó después mucho tiempo poder convencerle de que realmente *necesitaba* trabajar para Puerto Rico.

Poco después de nuestro nombramiento como agencia para Bootstrap, escribí a Moscoso:

> Debemos sustituir la escuálida imagen de Puerto Rico que la mayoría de los habitantes del continente tienen ahora por una imagen *encantadora*. Esto es de importancia fundamental para su desarrollo industrial, su industria del ron, su turismo y su evolución política.

---

14. La operación Bootstrap fue un programa industrial que marcó el comienzo de una nueva etapa de planificación económica e industrial en Puerto Rico en 1944.

¿Qué *es* Puerto Rico? ¿Cuál es la personalidad de esta isla? ¿Qué mostrará al mundo Puerto Rico? ¿No es Puerto Rico algo más que un país atrasado, en los comienzos de su revolución industrial? ¿Ha de seguir siendo la isla «la Formosa del New Deal», como la denomina Max Ascoli? ¿Va en camino de convertirse en la Filadelfia del Norte de nuestros días? ¿Existe un «alma viva» en su cuerpo económico?

¿Se verá Puerto Rico invadido por turistas vulgares y convertido en un Miami Beach de segunda categoría? ¿Van los portorriqueños a olvidar su ascendencia española, en un intento desesperado de probar lo americanos que son?

No es necesario que se produzcan estas tragedias inminentes. Y uno de los caminos más seguros para prevenirlas consiste en iniciar una campaña publicitaria a gran escala, presentando Puerto Rico al mundo bajo una imagen que inspire a todos «un Puerto Rico renaciente».

Ted Moscoso y el gobernador Muñoz aceptaron esta propuesta y nos lanzamos seguidamente a la campaña que se prolongó durante años. Esta campaña tuvo un efecto profundo en la historia de Puerto Rico. Creo que es el único ejemplo de una campaña publicitaria que ha cambiado la imagen de un país.

Un día de 1959, comíamos Moscoso y yo con Beardsley Ruml y Elmo Roper. De vuelta a mi oficina, me dijo Moscoso:

David, hace cinco años que realizas la publicidad de Puerto Rico. Voy a llamar esta tarde a todos tus otros clientes, invitándoles a que se unan a mi propuesta: «Si dejas de solicitar nuevos clientes, prometeremos solemnemente no dejarte nunca». ¿No te gustaría dedicar toda tu energía a los clientes que ya tienes y dejar de malgastar tu tiempo en la búsqueda de clientes nuevos?

Estuve sensiblemente tentado de aceptar esta original propuesta. La obtención de clientes nuevos es apasionante, pero cada uno aumenta mi carga de trabajo en casa: ochenta horas semanales ya son suficientes. Pero mis socios más jóvenes están ansiosos de nuevas oportunidades. Y, lo que es más, incluso las mejores agencias pierden cuentas. Sucede, a veces, que los clientes venden sus empresas; en otras ocasiones contratan a un sabihondo para que dirija su publicidad, y yo siempre acostumbro a rechazar los servicios de los sabelotodos. Por lo tanto, si uno cesa de interesarse por nuevos clientes, empieza a desangrarse hasta morir. Pero esto no significa que deba seguirse el ejemplo de Ben Duffy. Cuando encabezaba la BBDO, se hizo responsable de cada nuevo cliente que se le presentaba, llegando a dirigir 167 cuentas. La presión casi lo aniquiló.

Stanley Resor era el polo opuesto. En su primer año como jefe de J. Walter Thompson, rechazó un centenar de clientes. Este fue el primer paso dado para convertir a JWT en la mayor agencia publicitaria del mundo.

Una postura de entusiasmo no es *siempre* la mejor para triunfar. He cancelado cuentas cinco o seis veces por no ajustarse a nuestras calificaciones, con el único efecto de comprobar que mi negativa inflamaba más aún el deseo del cliente de contratar a nuestra agencia. Cuando un famoso fabricante suizo de relojes nos ofreció su cuenta, rehusamos aceptarla porque sus anuncios habían de ser aprobados no tan solo por su cuartel general en Suiza, sino por el importador americano; y creo que ningún publicitario puede servir a la vez a dos amos. Pero, en vez de rechazar la cuenta de manera definitiva, dije que la aceptaríamos si nos concedían el 25 % en lugar del habitual 15 % de honorarios. El cliente, ante mi sorpresa, aceptó inmediatamente.

A veces, un anunciante en busca de una nueva agencia informa a las revistas especializadas de los nombres de aquellas que está sometiendo a su consideración. Siempre que se cita nuestro nombre como uno de los pretendientes, me retiro de la lucha. Es poco inteligente arriesgarse a ser derrotado en *público*. Me gusta triunfar públicamente, pero cuando fracaso prefiero que sea en secreto.

Evito los concursos en que estén implicadas más de cuatro agencias. El ritual de la cortesía de estos concursos requiere una larga serie de reuniones en las cuales se pierde mucho tiempo. Tenemos cosas más importantes que hacer, como ocuparnos de nuestros clientes actuales.

La cortesía más deseable por parte del anunciante es que llame a una sola agencia. Esto es cada vez más raro, porque los hombres de negocios consideran malo contratar una nueva agencia sin analizar los méritos de otras. Más adelante daré unos desinteresados consejos sobre la mejor manera de seleccionar una nueva agencia.

La mayor parte de agencias envían nutridas delegaciones para presentar su candidatura a los clientes potenciales. El director de la agencia acostumbra a limitar su propia participación presentando una serie de subordinados, que se van turnando en la tarea de animar al futuro cliente. Siempre he preferido realizar yo mismo esta operación. La selección final de agencia casi siempre la decide el director de la empresa anunciante y creo que los presidentes deben ser siempre incitados por presidentes.

También he observado que los cambios frecuentes de interlocutor conducen a una confusión con las demás agencias que compiten por la cuenta. Una orquesta se parece a cualquier otra orquesta, pero no existe confusión entre sus directores.

Cuando se nos invitó a solicitar la cuenta de Sears, me presenté yo solo ante su consejo de administración. Las empresas sofisticadas se decepcionan frecuentemente ante un despliegue de figuras. Las agencias más solicitadas confían en su dirigente principal para realizar los «solos» de las presentaciones.

(Si se considera la baja personalidad de muchos de estos «solistas», uno se ve forzado a admitir que la singularidad *debe ser un importante ingrediente para ganar clientes.)*

Siempre hablo a mis futuros clientes de las grietas de nuestro edificio. He observado que, cuando un anticuario me llama la atención sobre los defectos de un mueble, gana mi confianza.

¿Cuáles *son* las grietas de nuestro edificio? Las dos más importantes son:

1. No tenemos departamento de Relaciones Públicas. Sostengo que las relaciones públicas debe llevarlas el propio anunciante, por su propia iniciativa o por consejo de un especialista.

2. Nunca hemos producido una televisión espectacular. Tengo verdadera fobia por estas extravagancias. Con raras excepciones, cuestan demasiado en relación al resultado que proporcionan.

Aunque hago lo que puedo, nunca he sido capaz de espaciar la contratación de nuevos clientes con intervalos convenientes. Durante meses, no sucede nada. Empiezo a preguntarme si seremos alguna vez capaces de obtener algún otro cliente. Mi personal empieza también a mostrarse inquieto. Cuando menos lo esperamos, nos hacemos con tres clientes uno tras otro, lo que hace insoportable la carga de trabajo urgente. La única solución para estos casos consiste en confeccionar una lista de posibles clientes, admitiéndolos, uno a uno, a intervalos escogidos por nosotros mismos. Si esto llega, aquel será, sin duda, un gran día.

3

CONSERVANDO CLIENTES

Los siete años de descontento no se limitan al matrimonio. Afectan también a las relaciones entre las agencias de publicidad y sus clientes. El cliente medio cambia de agencia cada siete años. Se *aburre* de la suya, lo mismo que un cliente *gourmet* se aburre del repertorio de su chef.

Ganar un nuevo cliente es una deliciosa experiencia. Pero perderlo es el infierno. ¿Cómo convencer a los demás clientes para que no se separen de ti? He sido testigo del colapso de dos grandes agencias tras la suspensión de pagos de un cliente desertor. Es un espectáculo deprimente.

¿Qué debe hacer en conciencia el presidente de una agencia cuando sabe que un cliente se ha perdido por su culpa? ¿Cómo puede hacer responsables a las personas que trabajaron en la cuenta e hicieron lo posible para contrarrestar su propia estupidez? Algunos pueden ser hombres de rara habilidad y pueden serle necesarios para trabajar para el siguiente cliente que se obtenga. Pero, ¿puede permitirse el lujo de «guardarlos en la nevera»? Por regla general, NO. He visto casos de agencias que despidieron a un centenar de personas por haber perdido un solo cliente. Algunos de ellos eran ya demasiado viejos para conseguir otro empleo. Esta es una de las razones por las cuales las agencias tienen que pagar salarios tan altos. Después del teatro, la publicidad es, probablemente, la menos segura de todas las carreras.

Si uno aspira a dirigir una agencia, debe aceptar el hecho de que va a estar siempre moviéndose por el borde de un precipicio. Si uno es una persona insegura, atemorizada y pusilánime, se suceden los desastres. Te esperan, sin duda, momentos malos.

Envidio a mis amigos doctores. Tienen tantos pacientes que la defección de uno de ellos no puede arruinarles. Ni queda registrada en los periódicos para que puedan leerla los demás pacientes.

Envidio también a los abogados. Pueden irse de vacaciones con la seguridad que les da el saber que otros abogados no cortejarán a sus clientes. Ahora que tengo en mi haber un *dossier* con diecinueve espléndidos firmas, me gustaría que saliese una ley declarando ilegales las solicitudes de las agencias. En Suecia, las grandes agencias han conseguido que figure en sus estatutos una ley de este tipo.

Hay ciertas medidas que pueden tomarse para reducir las defecciones:

Primera y principal: dedicar los mejores cerebros de la agencia al servicio de los clientes, en vez de entretenerlos en la búsqueda de otros nuevos. Siempre he prohibido a mis ejecutivos de cuentas la caza de clientes nuevos, porque ello les corrompe tanto como si jugasen a la bolsa. Empiezan por descuidar a sus actuales clientes y la puerta giratoria acaba dando vueltas.

Segunda: Puede evitarse la contratación de directores inestables y pendencieros. Madison Avenue está llena de masoquistas que, inconscientemente, provocan el disgusto de sus clientes. Conozco a hombres brillantes que han perdido todas las cuentas que manejaron. Y conozco a nulidades que tienen ciertas dotes para formalizar unas relaciones tranquilas y estables entre la agencia y sus clientes.

Tercera: Hay que evitar la aceptación de clientes que ostenten un récord rechazando agencias a frecuentes intervalos. Se puede pensar en la posibilidad de curarlos de su infidelidad, pero las circunstancias van en contra de uno, como sucede al que se casa con una mujer que se haya divorciado muchas veces.

Cuarta: Se puede mantener contacto con los clientes *en todos sus niveles.* Pero esto se va haciendo cada vez más difícil, ya que los grandes anunciantes acumulan informes, nivel tras nivel, de los directores adjuntos a los directores, informes a los jefes de división, informes a los vicepresidentes de marketing, informes a los vicepresidentes ejecutivos, informes a los presidentes, informes al director general… con un ejército de consejeros, comités y oficiales de estado mayor atacando a la agencia por todos los flancos.

Entre la mayoría de presidentes y directores generales se ha puesto de moda mantenerse apartados de todo contacto con sus agencias. ¡Cuidado! Dichos señores todavía adoptan decisiones importantes con respecto a su publicidad, pero nunca se enfrentan, cara a cara, con el personal de la agencia, y sus satélites son, a menudo, incompetentes para servir como intermediarios. Oigo con frecuencia a algunos jefes de publicidad afirmar que sus presidentes no dicen sino estupideces, que supongo que no deben haber dicho. Y no dudo que los mismos presidentes deben oír hablar de mí como de alguien que dice tonterías. Antes de que uno se entere, ya está en el saco.

Me acuerdo de una anécdota ocurrida durante la Primera Guerra Mundial. Un comandante de batallón envió un mensaje verbal desde las trincheras de primera línea al cuartel general de la división. El mensaje decía originalmente: «Manden refuerzos, vamos a atacar». Cuando llegó a la división, tras pasar de boca en boca, pudo interpretarse como: «Manden almuerzos, vamos a bailar».

Una de las razones por las cuales los altos dirigentes de las grandes empresas muestran esta tendencia a tratar así a las agencias es que sienten aversión por el fenómeno publicitario. ¡Es tan intangible! Cuando construyen nuevas fábricas o constituyen nuevos *stocks* o compran materias primas, conocen exactamente lo que adquieren para poder justificar su decisión ante los accionistas. Pero la publicidad es todavía una especulación inexacta. Como se lamentaba lord Leverhulme (y, tras él, John Wanamaker):

La mitad del dinero que gasto en publicidad es dinero perdido y el caso es que no sé qué mitad es.

Los fabricantes que han llegado a su posición actual a través de la producción, la administración o la investigación suelen recelar de los publicitarios porque parecen demasiado inteligentes. Por eso ciertos estúpidos han dado tan buen resultado como jefes de agencias: hacen que sus clientes se sientan a gusto con ellos.

Otra cosa que se puede hacer para reducir el riesgo de pérdida de clientes consiste en adoptar mi política de «dejar en la nevera». Tan pronto como un cliente acepta una nueva campaña, empiezan ya los trabajos para desarrollar otra y someterla a los mercados de ensayo. Esta última queda «en la nevera», y se convierte en una bala en la recámara por si se viene abajo la campaña, o se incurre, por alguna razón más subjetiva, en el desagrado de la alta dirección del cliente. Esta preparación impaciente de posiciones de reserva recortará los beneficios y exasperará a los creadores, pero prolongará el mantenimiento de clientes.

Siempre he tratado de ponerme en el lugar de mis clientes para ver los problemas a través de sus ojos. Compro acciones de sus compañías, de forma que pueda pensar como un miembro más de su familia. Cuando tengo una visión *total* de su negocio, estoy mejor preparado para darles un consejo razonable. Si me eligiesen miembro de su consejo de administración, me resultaría aún más fácil identificarme con sus intereses.

Los jóvenes y ávidos aprendices tienen, a menudo, la idea brillante de combinar a dos de sus clientes en una operación conjunta. Pueden sugerir que uno plantee la batalla y ofrecer como recompensa los productos del otro o que dos clientes participen en un mismo anuncio en revistas. Esta dualidad puede ser peligrosa para la agencia; casi invariablemente uno de los clientes creerá que le ha caído en suerte el bastón más corto. Cuando uno trata de terciar en las disputas entre clientes, seguro que termina con la nariz ensangrentada.

Llegué a la conclusión de que era mejor mantener separados a los míos. La única vez que coincidieron los directores de Hathaway y de Schweppes fue la mañana en que ambos fueron a adquirir su respectivo Rolls-Royce.

Nunca digo a ningún cliente que no puedo asistir a su convención de ventas por tener un compromiso previo con otro. La poligamia acertada se basa en hacer que cada esposa pretenda ser el único grano de arena de nuestra playa. Si un cliente me pregunta por los resultados alcanzados con la campaña de otro, cambio de tema. Esto puede irritarle, pero, si le diese la información que me pide, llegaría probablemente a la conclusión de que yo podría ser igualmente indiscreto con *sus* secretos. Cuando un cliente pierde la confianza en nuestra discreción, hemos perdido la partida.

A veces un cliente contrata a un jefe de publicidad tan incompetente que uno se ve obligado a denunciarlo a sus directores. Pero solo he hecho eso un par de veces en quince años. En el primer caso, el hombre era un neurótico a quien tuve que aguantar durante seis meses. En el segundo se trataba de un embustero patológico.

Muchos clientes razonables consideran como una obligación que les avisemos si detectamos un eslabón débil en la cadena de comunicación entre su alta dirección y la nuestra. Una vez fui vapuleado por un cliente por no haberle avisado de que nuestro ejecutivo hacía caso omiso de los planes de marketing de su director.

Los clientes no vacilan en ignorar a nuestros ejecutivos. Algunas veces tienen razón y otras están equivocados. En todo caso es mejor transferir a la «víctima» a otro puesto antes de que la chispa se convierta en fuego y provoque la ruptura de toda la relación agencia-cliente.

Uno de los más brillantes colegas que tuve fue obsequiado con ese rechazo por tres clientes, en un mismo año. La experiencia le afectó tan profundamente que dejó para siempre su profesión de publicitario. Si uno tiene la piel demasiado fina para sobrevivir a estos azares, nunca llegará a ser un buen ejecutivo de cuentas en una agencia de publicidad.

Siempre empleo los productos de mis clientes. No se trata de servilismo, sino de la más elemental cortesía. Casi todo cuanto consumo personalmente está fabricado por uno u otro de mis clientes. Mis camisas llevan la marca Hathaway; mis candelabros son Steuben; mi coche es un Rolls-Royce, y su depósito siempre va lleno de combustible Shell, y mis trajes están confeccionados por Sears. Durante el desayuno bebo café de la casa Maxwell, o té Tetley, comiendo dos tostadas Pepperidge Farm. Me lavo con Dove, me pongo el desodorante Ban y enciendo mi pipa con el encendedor Zippo. Después del atardecer, no bebo nada más que ron de Puerto Rico y Schweppes. Leo revistas y periódicos impresos sobre papel de la International Paper. Cuando voy de vacaciones (a Gran Bretaña o a Puerto Rico) obtengo mis reservas a través de American Express, viajando en las líneas de KLM o P & O-Orient Lines.

Y, ¿por qué no decirlo? ¿No son estos los mejores productos y servicios de la tierra? Yo creo sinceramente que lo son. Por eso los promociono.

Cuando un cliente llama a nuestra agencia, es porque ha decidido que es la mejor que puede encontrar. Sus consejeros han llegado a esta decisión tras un estudio completo de todo cuanto podemos ofrecerle. Pero, a medida que el tiempo pasa, llegan nuevos consejeros. Cada vez que esto sucede, es una dura papeleta para la agencia tener que convencer al recién llegado de que su predecesor acertó al escogernos. El nuevo consejero debe ser considerado como si se tratase de la prospección de un nuevo cliente.

Con las grandes empresas, este proceso de presentación de los servicios de la agencia resulta interminable. Es una tarea que requiere tiempo y es fastidiosa, aunque de vital importancia. Los nuevos flecos que van apareciendo son una amenaza constante para la estabilidad de las relaciones agencia-cliente.

Lo más peligroso que puede sucederle a una agencia es depender de un simple lazo personal con la empresa cliente. Si el presidente de una gran organización contrata a una agencia simplemente porque le agrada el presidente de esta, hay que tomar medidas urgentes para establecer fuertes lazos a niveles inferiores. Solo cuando la agencia está enlazada en *todos* sus niveles puede confiarse en el mantenimiento del contrato.

No creo que el contacto con el cliente deba limitarse a los ejecutivos de cuentas. Es mucho mejor que el personal de los departamentos de servicio —investigación, redacción, arte, producción, etc.— conozca al cliente. Esto origina, algunas veces, problemas cómicos, porque el personal de nuestras oficinas no siempre se distingue por su tacto y delicadeza y alguno no causa una gran impresión. Hay que ser muy perspicaz para descubrir en un cohibido adolescente a alguien capaz de redactar un eslogan comercial que duplicará sus ventas.

• • •

Resulta difícil a un doctor decir a su paciente que sufre una seria enfermedad, y es asimismo muy difícil decirle a un cliente que su producto tiene una grave falta. He conocido clientes que se sentían mucho más molestos por una crítica a su producto de lo que se hubieran sentido por una crítica a su esposa. El orgullo de un fabricante por su producto no le deja ver sus defectos. Pero llega un momento en la vida de todo publicitario en que hay que tocar las espinas de la rosa. Confieso que no soy nada bueno para esta tarea. Cuando dije a un cliente que tenía dudas sobre la consistencia de sus espaguetis, su reacción fue preguntarme si era capaz de realizar buen trabajo para un producto en el que no tuviese confianza; perdimos la cuenta. Sin embargo, he observado, en conjunto, una creciente tendencia por parte de los clientes a dar la bienvenida a la sinceridad, particularmente cuando se basa en los resultados de la investigación del consumo.

El jefe de una agencia tiene «tanta comida en su plato» que suele ver a sus clientes tan solo en tiempos de crisis. Esto es un error. Si se adquiere el hábito de visitarlos cuando todo está en calma, se establecerá una fácil relación que puede salvarnos la vida cuando sople la tempestad.

Es importante reconocer los propios errores y hacerlo antes de que te acusen por ello. Muchos clientes están rodeados de gentes de mala fe que censuran a la agencia con arte refinado para ocultar faltas propias.

Hay que tener en cuenta que por cada cliente que no nos haya aceptado, nosotros hemos rechazado a tres.No permitiré que mi personal se vea amedrentado por tiranos, y no pondré nunca en marcha una campaña dictada por un cliente, a menos que tenga la absoluta creencia de que es buena. Cuando se obra así, no hay duda de que se pone en peligro la reputación creadora de la agencia, que debe ser nuestra cualidad más celosamente defendida. En 1954 incurrí en un error de este tipo. Mi amigo Jerry Babb, de Lever, insistía en que debíamos anunciar conjuntamente el viejo jabón en polvo Rinso y el nuevo detergente Rinso Azul. Un estudio de los precedentes me había demostrado que no vale la pena hacer publicidad de dos productos en un mismo anuncio, particularmente cuando uno de ellos es nuevo y el otro está cayendo en desuso. Para complicar más la cosa, Jerry me indujo a introducir una nota de alegría caprichosa en la campaña.

Durante varias semanas traté de hacerle aceptar la clase de campaña seria que había tenido gran éxito con Tide y otros detergentes, pero Jerry no cedió. Aparecieron indicios de tormenta. Su hombre de confianza me advirtió de que, si no hacía lo que se me decía, perdería la cuenta. Al final, capitulé. Necesité dos horas y una pinta de ron portorriqueño para redactar el anuncio más estúpido de la historia de la publicidad. Era en verso, para ser cantado en el tono de «Los chicos y las chicas salen a jugar»:

¿Rinso Blanco o Rinso Azul?
Jabón o detergente, elija usted.

Los dos lavan más blanco y brillante.
Y dejan la ropa como nueva.
Querida señora, elija usted.

Estas terribles proclamas aparecieron en su día. Perdí mi dignidad en mucho mayor grado de lo que podía presumir. Mis empleados creyeron que me había vuelto loco, y en la propia firma Lever llegaron a la conclusión de que yo no tenía la menor idea de la clase de publicidad que se necesitaba para inducir a las amas de casa a comprar un detergente. Seis meses más tarde, nos echaron a la calle. Nos lo merecíamos.

No se acabaron allí los males. Durante varios años después, me fue imposible prácticamente conseguir que ningún hombre formal de marketing contratase a Ogilvy, Benson & Mather, sin declarar previamente que mi opinión sobre la estúpida campaña de Rinso era tan pobre como la suya.

Este episodio me enseñó que no vale la pena apaciguar a los clientes en asuntos de gran estrategia. Un Munich fue suficiente.

También rechazo clientes cuando no son rentables para mi agencia. Esto sucedió con Reed & Barton, fabricantes de orfebrería. Nuestras comisiones no eran lo suficientemente grandes para cubrir los servicios requeridos, y Roger Hallowell, que dirigía este elegante y antiguo negocio familiar, era incapaz de resarcirnos de las pérdidas que estábamos experimentando. Apreciaba a Roger y a todos sus colegas de Reed & Barton, pero no estaba preparado para seguir indefinidamente con ellos perdiendo un poco más cada día. Creo que cometieron un error al aceptar nuestra renuncia; habíamos realizado una contribución importante a sus beneficios, mostrándoles cómo ensayar previamente nuevos modelos de cuberterías de plata. El lanzamiento de un nuevo modelo cuesta 600.000 dólares y ningún ejecutivo puede pronosticar cuáles son los modelos que llamarán la atención a las novias de diecinueve años.

También renuncio a los clientes cuando pierdo confianza en el producto. Es de una flagrante deshonestidad para un publicitario insistir a los consumidores para que compren un producto que él mismo no compraría.

Frank Hummert, que sucedió a Claude Hopkins como redactor jefe de Lord & Thomas, me dijo, en cierta ocasión:

Todos los clientes son unos *cerdos*. Puedes empezar creyendo otra cosa, pero cambiarás de opinión.

Esta no ha sido mi experiencia. Me he encontrado con muchos cerdos y he renunciado a ellos. Pero, con muy pocas excepciones, he amado a mis clientes. Si no me hubiera convertido en su agente de publicidad, nunca habría hecho amistad con Ted Moscoso, el gran portorriqueño que llegó a embajador de los Estados Unidos en Venezuela y a jefe de la Alianza para el Progreso.

Si no hubiese preparado el lanzamiento del cristal Steuben, nunca habría hecho amistad con Arthur Houghton. Fue un gran día para mí aquel en que pude darme cuenta de que había adquirido como cliente al principal protector de los artistas contemporáneos, una eminente autoridad en libros y el más imaginativo de los filántropos.

La lista de clientes que se convirtieron en íntimos amigos míos es verdaderamente extensa. Ellerton Jetté, de Hathaway, dio relieve a mi vida, obteniendo mi elección para la Junta de Síndicos del Colby College. Sir Colin Anderson, de las O-Orient Lines, es el único cliente que he tenido tan experto en danzas escocesas como en bordados. El comandante Whitehead, de Schweppes, empezó como cliente y se convirtió en uno de mis más entrañables compañeros. Hemos naufragado juntos y nuestras presuntas viudas se consolaban mutuamente, cambiando notas sobre los recuerdos de sus respectivos esposos.

Helena Rubinstein siempre me ha fascinado. Esta diminuta belleza polaca inició su carrera en Australia, en el pasado siglo, logrando un beneficio de 30.000 libras cuando tenía dieciocho años. Cuando me descubrió, ejercía el matriarcado, controlando diversas compañías en todo el mundo. En la oficina era una tirana, pero también tenía un irresistible sentido del humor. La he visto centenares de veces partirse de risa en medio de serias reuniones, hasta el extremo de correrle las lágrimas por las mejillas. Como amiga, era una encantadora combinación de generosidad y buen humor.

Otra cosa que admiré en *madame* Rubinstein fue su falta de pretensiones. Fue tan interesante como parecía y no necesitaba afectación ninguna. Es lo que supo captar Graham Sutherland en el retrato que hizo de ella.

Algunas agencias se rinden a la moda de hacerlo todo en comité. Alardean de «trabajo en equipo» y desmerecen el papel del individuo. Pero ningún *equipo* puede redactar un anuncio y dudo que exista una sola agencia de cierta importancia sobre la cual no se proyecte la sombra protectora de un hombre.

Los clientes me preguntan, a veces, qué sería de nuestra agencia si me atropellara un taxi. Cambiaría. Cuando el senador Benton y el gobernador Bowles dejaron sus agencias, estas cambiaron. A mejor. J. Walter Thompson sobrevivió a la separación de Thompson. McCann-Erickson encontró su ritmo de avance una vez retirado Harry McCann. Ni la jubilación de Raymond Rubicam —que era, probablemente, el mejor director de agencia jamás conocido— pudo frenar el progreso de Young & Rubicam.

Como las comadronas, me gano la vida trayendo bebés al mundo, con la única diferencia de que mis bebés son las nuevas campañas publicitarias. Una o dos veces por semana me presento en nuestra «sala de alumbramientos» para presidir lo que se denomina una presentación. Estas terribles ceremonias se desarrollan en presencia de seis o siete de mis adjuntos y de allegados de la familia oficial del cliente. La atmósfera es eléctrica. El cliente sabe que se le va a pedir que apruebe una campaña que va a costar millones. La agencia, a su vez, ha invertido mucho tiempo y dinero en la preparación de sus planes.

En nuestra agencia siempre ensayamos las presentaciones ante la reunión de planes, en la cual tienen asiento nuestros principales senadores. Estos son críticos mucho más severos que cualquiera de los clientes con los que me he enfrentado hasta el momento y expresan sus puntos de vista con un lenguaje rudo. Una vez que una campaña ha pasado por su escrutinio, es apta para ser buena.

Pero, por bien documentada que nuestra presentación pueda parecer, por cumplido que resulte el estudio de nuestros proyectistas respecto a las realidades de marketing, y por brillante que haya sido la tarea de nuestros redactores, pueden suceder cosas horribles en la presentación. Si empieza a primera hora de la mañana, el cliente puede estar todavía somnoliento. En una ocasión, cometí el error de presentar una nueva campaña a Sam Bronfman, de Seagram's, después de comer. Pronto cayó en un sueño profundo y despertó de un humor tan venenoso que rechazó de plano la campaña en la cual habíamos estado trabajando meses enteros.

A Bronfman le desagradaban las reglas observadas por la mayoría de agencias, como la de emplear diversos portavoces para llevar a cabo sus presentaciones. También yo pienso igual. Se presta a menos distracción de la audiencia el hecho de que sea una sola persona quien lleve el peso de la conversación. Esta persona debe ser, sin duda, el mediador más persuasivo del que se disponga y ha de expresar sus ideas tan sucintamente que pueda someterse, sin embarazo, a cuantas nuevas preguntas se le hagan.

Acostumbro a realizar más presentaciones que la mayoría de directores de agencias, en parte porque me considero un abogado en aquel momento y, además, porque creo que no hay mejor manera de demostrar al cliente que el jefe de la agencia está interesado personalmente en sus asuntos. Me pregunto si algún abogado tiene que pasar tantas noches como yo preparando las presentaciones que se suceden con una regularidad tan implacable.

Merece la pena esmerarse al preparar los planes que se presentan a los clientes. Deben redactarse con la máxima claridad posible y el menor amaneramiento posible. Deben ir acompañados de hechos irrefutables.

Pero existen todavía unos cuantos clientes a quienes no les gusta que sus agencias les presenten anuncios dentro de un plan bien documentado. Les gusta apreciar los detalles sin plan previo, como si estuviesen seleccionando cuadros para una exposición. Sir Frederic Hooper, de Schweppes, pertenece a esta escuela. La primera vez que le presenté un plan de marketing se aburrió enseguida. Había estado esperando una divertida media hora de crítica literaria y se encontró sometido a una tediosa reseña de los factores de marketing. En la página 19 de mi presentación, planteé unos datos estadísticos que se contradecían con uno de sus supuestos básicos. «Ogilvy», apuntilló, «su enfoque estadístico de la publicidad es positivamente *infantil*».

Ignoro el efecto que este cumplido habría tenido sobre los encargados de estadística que habían preparado nuestro plan. Pero me mantuve firme en mi criterio y cinco años después sir Frederic hizo una *honorable rectificación*, invitándome a dirigir una convención publicitaria que iba a presidir. Me sugirió que adoptase, como cosa mía, una conclusión a la cual había llegado recientemente:

Al final, los clientes quedan agradecidos a los publicitarios que les dicen la verdad.

En esos momentos, las ventas de Schweppes en los Estados Unidos habían aumentado el 517 %. Desde entonces vivimos felices.

Otro cliente, que no quería verse apabullado con números, se lamentaba con la mayor gravedad:

David, el problema de tu agencia consiste en que tenéis demasiadas personas con mentes objetivas.

La mejor herramienta para explicar planes complicados a los comités es la descripción, rápida y a grandes rasgos, que el presentador efectúa en voz alta. Tiene, como consecuencia, llamar la atención de los asistentes sobre lo se está diciendo. En este punto tengo algún consejo que dar. Puede parecer trivial, pero es crucial para el éxito de la presentación: *cuando se lee en voz alta, no hay que desviarse del texto escrito ni una sola palabra*. El truco consiste en asaltar a la audiencia simultáneamente por los ojos y los oídos. Si «ven» unas palabras y «oyen» otras diferentes pueden confundirse y prestar poca atención.

Todavía me agobio miles de veces antes de cada presentación. Estoy particularmente nervioso respecto al impacto que puede producir mi acento inglés.

¿Cómo puede tener confianza un anunciante americano en la habilidad de un extranjero para influir en el comportamiento de las amas de casa americanas? En mi fuero interno, sé que mis años con el doctor Gallup, en Princeton,

Schweppes discovers America—and vice versa!

«Hay clientes que pueden ser usados como símbolos humanos de su propio producto. Ocho años después de iniciar esta campaña, las ventas de Schweppes en los Estados Unidos se habían incrementado en un 517 %».

me proporcionaron una mayor visión y conocimiento de los hábitos y mentalidad del consumidor americano de la que llegan a poseer la mayor parte de publicitarios nativos y siempre confío en que este hecho se hará evidente a medida que se desarrolle mi presentación. Por consiguiente, empiezo con axiomas que nadie pueda discutir. Mientras tanto, la audiencia se acostumbra a mi acento y puedo, entonces, lanzarme a empresas de mayor altura.

La primera vez que permití a un miembro de mi equipo hacer la presentación de una de mis campañas a un cliente, me di cuenta de que mi presencia en la reunión aumentaría su nerviosismo. Por lo tanto, permanecí en la habitación contigua y observé su actuación a través de una mirilla. Se llamaba Garret Lydecker, y se comportó mejor de lo que yo lo hubiera hecho.

Actualmente tengo varios ayudantes que son presentadores de primera categoría y no tengo que preocuparme en asistir a sus presentaciones. Han aprendido a conservar su ecuanimidad, incluso cuando el cliente les pone dificultades. El debate posterior llega casi siempre a unas posturas que no son ni la del cliente ni la de la agencia cuando se inició la reunión. El resultado es un sentimiento de camaradería que rompe las líneas que tradicionalmente mantienen a la agencia y al cliente en lados opuestos de la mesa.

En algunas agencias se permite que los ejecutivos de cuentas dirijan al personal creador. Esto causa una buena impresión en algunos clientes, que creen así que su publicidad está más segura en manos de los «hombres de negocios». Pero inhibe a los redactores y el cliente tiene que cargar con una publicidad de segunda categoría. En otras agencias, los ejecutivos de cuentas son poco menos que recaderos que transportan las creaciones de los forjadores de campañas de la agencia a los clientes. Se les prohibe aceptar la más mínima modificación que el cliente proponga, sin previa consulta con el cuartel general. Negada su autoridad para expresar sus propios juicios, acaban errantes y despistados.

Yo deploro ambos sistemas. Dispongo de hábiles redactores, que trabajan en tándem con hábiles ejecutivos de cuentas, los cuales, a su vez, tienen poderes para negociar con los clientes. Los ejecutivos de cuentas tienen la suficiente madurez para dirigir cada fase de su trabajo sin menoscabo de la indiscutible soberanía del redactor. Es un equilibrio delicado, y solo sé de otra agencia que también haya conseguido lograr lo mismo que nosotros.

Los planes de marketing que salen actualmente de nuestra agencia son más profesionales, más objetivos y están mejor documentados que los planes que yo acostumbraba a trazar en mis primeros tiempos. Pero algunos de ellos están escritos en una jerga que me hace estremecer, con palabras tales como ideación, adecuar, mitigar, maximizar, y así sucesivamente. Cuando yo era niño, estaba obligado a aprender de memoria, cada mañana, doce versículos de la Biblia antes de almorzar. También leo latín desde los nueve años. Pero en Oxford caí bajo la influencia de aquellos que rechazaban la erudición de la escuela germánica («seco como el polvo, sin humor e ilegible...»). Se me enseñó a admirar no a Mommsen, sino a Gibbon, Macaulay y Trevelyan, que escribían para ser leídos. Esta clase de entrenamiento no me preparó para la lectura de los pomposos documentos que son hoy la base de mi trabajo. A los hombres de negocios americanos no se les enseña que es un pecado *aburrir* a nuestros semejantes.

4

CÓMO SER UN BUEN
CLIENTE

Uno de los mayores anunciantes del mundo encargó recientemente a cierta ilustre firma de investigación de mercados el estudio de la relación existente entre su publicidad y sus beneficios. El analista que dirigió el estudio cayó en una trampa que suele ser común: llegó a la conclusión de que la única variable sginficativa era la *cantidad de dinero* invertida en publicidad de un año a otro. No tuvo en cuenta que un millón de dólares de publicidad eficaz puede vender más que diez millones gastados en publicidad ineficaz.

Los anunciantes de ventas por correspondencia han podido apreciar que un mero cambio de titulares puede incrementar diez veces las ventas. Yo he visto anuncios de televisión que produjeron cinco veces más ventas de un producto que otros anuncios realizados por el mismo autor.

También conozco a un cervecero que vende más cerveza a las personas que no ven nunca su publicidad que a las que lo hacen cada semana. Una mala publicidad *deja de vender* un producto.

Algunas veces la responsabilidad por tales catástrofes radica en la agencia, pero a menudo es el cliente quien tiene la culpa. Los clientes tienen, sin duda, la publicidad que se merecen. He trabajado para noventa y seis clientes diferentes y se me han presentado oportunidades únicas de comparar sus actitudes y procedimientos. Algunos se comportan tan mal que ninguna agencia podría producir para ellos una publicidad eficaz. Otros se portan tan bien que ninguna agencia puede dejar de conseguir esta eficacia.

En este capítulo expondré las quince reglas por las que me guiaría para tratar con mi agencia, si yo fuese un anunciante. Están calculadas para obtener el mejor servicio que pueda darse.

1. Libera a tu agencia del miedo

La mayor parte de agencias viven asustadas gran parte del tiempo. Esto se debe, por un lado, a que muchas de las personas sobre las que gravita el negocio de la agencia viven inseguras por naturaleza. Y, también, a que muchos clientes dan la sensación de estar siempre buscando una nueva agencia. La gente asustada carece de empuje para producir buena publicidad.

Después de haber renunciado a la cuenta Rolls-Royce, me invité a mí mismo a visitar la Ford Motor Company, con el fin de «familiarizarme». Con su todopoderosa autoridad, el jefe de publicidad de Ford rehusó recibirme. Dijo:

Detroit es una ciudad pequeña. Si usted viniese a visitarme, sería visto por alguien. Nuestras actuales agencias se enterarían de ello y podrían alarmarse. No me conviene que esto suceda.

Si fuese cliente, haría cuanto estuviese a mi alcance por quitar a mis agencias todo temor, incluso hasta el extremo de establecer con ellas contratos a largo plazo.

Mi amigo Clarence Eldridge ha figurado en ambos lados de la barrera. Después de distinguirse como presidente de la junta de planes de Young & Rubicam, pasó a convertirse en vicepresidente de General Foods y más tarde en primer vicepresidente de la Campbell Soup Company. Este juicioso conocedor de las relaciones agencia-cliente vino a coincidir en que «existe una palabra que caracteriza la relación ideal: permanencia...». Si se ha de conseguir la permanencia, esta tiene que estar presente, desde buen principio, en las mentes de ambas partes. Debe establecerse, consciente y deliberadamente, en la relación mutua.

Arthur Page contrató a la agencia N. W. Ayer para la cuenta de la American Telephone & Telegraph. De vez en cuando se sentía desencantado con el servicio de Ayer, pero, en vez de despedir a la agencia, como hubieran hecho la mayoría de clientes, tuvo una seria conversación con la dirección de la misma y le pedía que arreglara las cosas. Como consecuencia de ello, la publicidad de la ATT no se vio sometida a los vaivenes propios del nombramiento de una nueva agencia. Un miembro de Ayer, George Cecil, cuidó de la redacción de la publicidad para la ATT durante cuarenta años, y acertó a formar una imagen tan favorable que estableció un monopolio popular en un país tan poco amante de los monopolios. Arthur Page era un cliente sensato.

Las agencias de publicidad son excelentes cabezas de turco. Resulta más fácil cesar a una agencia que admitir ante los accionistas que hay algo que no funciona en el producto o en la dirección. Sin embargo, antes de despedir a una agencia es muy conveniente plantearse estas preguntas:

a. Procter & Gamble y General Foods obtienen de sus agencias un servicio superlativo y nunca han cesado a ninguna. ¿Por qué?

b. ¿Resolverá tu problema el nombramiento de una nueva agencia, o tan solo será «esconderlo bajo la alfombra»? ¿Cuáles son las verdaderas *raíces* de tu problema?

c. ¿Ha sido desplazado tu producto por los de la competencia?

d. ¿Impusiste la publicidad por la cual censura ahora a tu agencia?

e. ¿Has intimidado a tu agencia, sumergiéndola en una nube de temor a perderle como cliente?

f. ¿Tu jefe de publicidad es tan inepto que puede ignorar a los mejores cerebros de *cualquier* agencia?

g. ¿Qué opinas de los competidores que forzosamente heredarán los secretos adquiridos por la agencia mientras esta ha estado a tu servicio?

h. ¿Te das cuenta de que un cambio de agencia puede frenar el marketing de tu empresa durante doce meses o más?

i. ¿Has sido sincero con el director de su agencia? Si le explicas el motivo de su insatisfacción, ¿puedes ser capaz de conseguir una potencia de fuego mucho mayor de lo que podría hallarse en una agencia nueva?

j. ¿Te has dado cuenta de que cuando despides a una agencia puede ocasionar la pérdida de empleo a la mayoría de hombres y mujeres que trabajan en tu cuenta? ¿No hay manera de evitar esta tragedia humana?

He aconsejado varias veces a los anunciantes que deseaban contratar a nuestra agencia que continuasen como estaban. Por ejemplo, cuando el director de Hallmark Cards envió emisarios para sondearme les dije:

> Su agencia ha contribuido mucho a su fortuna. Sería un acto de gran ingratitud proceder al nombramiento de otra agencia. Expóngales claramente lo que ocurre con su servicio. Díganles por qué lo encuentran poco satisfactorio. Estoy seguro de que hallarán una solución. Quédense donde están.

Hallmark siguió mi consejo.

Cuando los envases Continental Can nos invitaron a solicitar su cuenta, les dije:

> Su agencia les ha dado un magnífico servicio en circunstancias de notoria dificultad. Sé de buena tinta que pierden dinero con su cuenta. En vez de despedirlos, recompénselos.

Uno de los jóvenes ejecutivos de esta empresa, exclamó:

> Señor Ogilvy, esto es lo más imprudente que he oído decir en mi vida.

Pero sus colegas decidieron que yo tenía razón.

Cuando el Instituto de Fabricantes de Envases de Vidrio nos pidió que compitiésemos por su cuenta, les apremié a permanecer con Kenyon & Eckhardt, que habían estado proporcionándoles una excelente publicidad. Ignoraron mi consejo.

2. Elige, ante todo, la mejor agencia

Si invierten grandes sumas del dinero de sus accionistas en publicidad y sus beneficios dependen de esta eficiencia, es un deber tomar grandes precauciones para encontrar la mejor agencia posible.

Los aficionados lo consiguen engatusando a un grupo de agencias para que presenten campañas gratiutas, especulando. Las agencias que ganan estos concursos son las que emplean sus mejores cerebros precisamente para solicitar nuevas cuentas dejando que sus clientes sean atendidos por cerebros de segunda fila. Si yo fuese anunciante, buscaría una agencia que careciese de «departamento de nuevos negocios». Las mejores agencias no necesitan nuevos clientes; se hacen cargo de todas las cuentas que puedan dirigir sin preparar campañas especulativas.

Para elegir bien una agencia hay que empezar por elegir a un jefe de publicidad que conozca lo suficiente respecto a la publicidad mundial como para poder tener un criterio documentado. Pídanle que les exhiba anuncios representativos y programas comerciales de las tres o cuatro agencias que crea mejor calificadas para su empresa.

A continuación llamen por teléfono a algunos de los clientes de esas agencias. Esto puede ser particularmente revelador cuando se trate de anunciantes de la talla de Procter & Gamble, Lever, Colgate, General Foods y Bristol-Myers, que utilizan *varias* agencias. Ellos podrán darles detalles decisivos sobre la mayoría de las agencias de prestigio.

Inviten entonces a comer al director ejecutivo de cada uno de los principales contendientes, junto con dos de sus hombres clave. Procuren hacerles soltar la lengua. Vean si son discretos acerca de los secretos de sus actuales clientes. Comprueben si tienen el valor de discrepar cuando se diga algo fuera de lugar. Observen las relaciones entre ellos; ¿son colegas profesionales o hay discordias entre ellos? ¿Les prometen resultados evidentemente exagerados? ¿Parecen volcanes extintos o existe vida en ellos? ¿Saben escuchar? ¿Son intelectualmente honestos?

Sobre todo, observen si su agencia es de su *agrado*; la relación entre cliente y agencia debe ser íntima y puede convertirse en infernal si la química personal resulta amarga.

No cometan el error de suponer que su cuenta quedará desatendida en una agencia *grande*. Los jóvenes, en los diversos niveles de trabajo de las grandes agencias, son con frecuencia más hábiles y constantes que las «vacas sagradas» de elevada posición. Por otra parte, no vayan a suponer que una gran agencia puede darles mayor servicio que una pequeña. El número de personas desplegadas en pos de su cuenta será el mismo aproximadamente, tanto en una agencia grande como pequeña: unas nueve personas por cada millón de dólares que gasten.[15]

3. Informa a tu agencia muy detalladamente

Cuanto más conozca tu agencia la empresa y su producto, mejor trabajo hará para ti. Cuando General Foods contrató a nuestra agencia para anunciar el café Maxwell, se propuso ilustrarnos sobre el negocio. Día tras día nos poníamos en contacto con sus expertos, sometiéndonos a disertaciones sobre el café crudo, las mezclas, los tuestes y los precios hasta que adquirimos un excelente conocimiento del negocio.

---

15. Esta cifra es variable según la clase de cliente y según los servicios que presta la agencia. *(N. del E.)*

Algunos jefes de publicidad son demasiado perezosos o demasiado ignorantes para informar debidamente a sus agencias. En tales casos, estas tienen que deducir los hechos por su cuenta. El retraso resultante en la producción de la primera campaña desmoraliza a todos los que están relacionados con ella.

4. No compitas con tu agencia en el ámbito creativo

¿Por qué tener un perro y ladrar por nuestra cuenta?

Un copiloto que pretende conducir hiere la susceptibilidad del conductor. Lo mismo ocurre en el caso de los buenos creadores. Si obran así, ¡que Dios les ayude! Hay que dejar bien sentado, ante tu jefe de publicidad, que la responsabilidad sobre la creación de la campaña no le pertenece a él, sino a la agencia. Hay que recomendarle que no la rebaje nunca.

Cuando Ellerton Jetté nos ofreció la cuenta Hathaway, dijo:

Estamos a punto de poner en marcha la publicidad. Nuestra cuenta será inferior a 30.000 dólares al año. Si se hacen cargo de ella, cuenten con una promesa: no pienso cambiar nunca ni una palabra de sus textos.

De esta forma nos hicimos cargo de la cuenta de Hathaway y Jetté mantuvo su palabra. No cambió nunca ni una palabra de nuestros textos. Nos hizo asumir la responsabilidad total. Si hubiese fracasado nuestra publicidad para Hathaway, la responsabilidad hubiera sido mía. Pero no falló. Nunca se ha forjado una marca nacional a tan bajo coste.

5. Hay que mimar a la gallina de los huevos de oro

Quizá la operación más importante que se exige a las agencias es la preparación de una campaña para un producto nuevo, que todavía no haya pasado por la fase experimental de laboratorio. Esto nos obliga a crear una imagen total *ab ovo*, desde cero.

Siempre que escribo, me embarco precisamente en tal aventura. Han sido necesarios un centenar de hombres de ciencia y dos años de trabajos para hallar la manera de elaborar el producto en cuestión. Yo solo dispongo de treinta días para crear su personalidad y planear su lanzamiento. Si realizo bien mi tarea, contribuiré al éxito de este producto en la misma medida que lo hizo el centenar de científicos.

No es un trabajo para principiantes. Requiere una imaginación vivaz, templada por la perspicacia del marketing. Necesitas conocimiento de las técnicas de investigación que deben emplearse para elegir marcas, envases y posibilidades; habilidad para atisbar el futuro cuando los competidores lancen productos prácticamente idénticos; y, lo que es más importante, necesitas genio para la redacción de los anuncios de lanzamiento. Dudo que existan más de una docena de personas en los Estados Unidos que estén calificadas, por temperamento y experiencia, para realizar tal operación. La mayoría de clientes esperan que se efectúe a expensas de la agencia. Si invirtiesen en el trabajo creativo del lanzamiento de productos nuevos la mitad del esfuerzo que destinan al trabajo técnico para desarrollarlos, muy pocas de sus concepciones se verían frustradas.

6. No permitas que sobre tu publicidad decidan demasiadas personas

Sé de un anunciante que hace supervisar las campañas de su empresa a cinco personas diferentes, cada una de ellas con poder de decisión y veto.

Esto trae graves consecuencias. Puede ocasionar fugas de información confidencial. Obliga a muchas personas a una serie interminable de innecesarias reuniones. Complica la limpia simplicidad de las necesidades originales. Y, lo que es peor de todo, envenena el ambiente con «política creativa». Los publicitarios aprenden a captar votos, «trabajándose» a una docena de ejecutivos diferentes. Cuando un redactor publicitario se convierte en político, cumple los requisitos para la descripción que hace John Webster:

> Un político imita al Diablo, como el dialgo imita a un cañón: dondequiera que viene a hacer daño, viene con la parte trasera hacia ti. (*The White Devil* [*El diablo blanco*], 1608.)

Gran parte de la publicidad caótica que se ve en la televisión principalmente, es producto de comités. Los comités pueden criticar los anuncios, pero nunca deben crearlos.

Muchas de las campañas que han elevado marcas a la fama y han producido fortunas incalculables han surgido de la colaboración de dos hombres: un redactor firme y seguro en colaboración con un cliente con inspiración. Tal fue la colaboración entre Gordon Seagrove y Jerry Lambert al forjar la marca Listerine. Y tal fue la de Ted Moscoso conmigo en la publicidad de Puerto Rico.

Cuando la gente de Seagram's nos confió una campaña para los vinos de Christian Brothers, me avisaron de que los anuncios no solo habían de gustar a su jefe, Sam Bronman, sino también al monje bodeguero y al resto de hermanos del monasterio de Christian Brothers en el valle de Napa. Cuando yo era un colegial, me había solazado con el cuento de Alphonse Daudet acerca del Padre Gaucher, el monje que se convirtió en alcohólico cuando hacía experimentos en busca del licor perfecto. Decidí, pues, convertirlo en el héroe de nuestra campaña.

Seagram's dio su aprobación y el monje bodeguero no vaciló en aceptar el papel de un «comandante Whitehead» eclesiástico. Pero se creyó obligado a someter nuestros proyectos al superior de su orden en Roma, y aquel eminente teólogo volvió hacia abajo sus pulgares —aunque en latín, supongo—. Poco después, intervino uno de los cardenales americanos y se me ordenó la preparación de una campaña más suave y «sin impacto». Esta inusitada orden dejó sin viento mis velas y presenté seguidamente mi *nunc dimitis*. Los clientes con cabezas de hidra presentan problemas insolubles.

7. Asegúrate de que tu agencia obtenga beneficios

Tu cuenta compite con las demás dentro de la agencia. Si resulta poco rentable, no parece presumible que la dirección de la agencia destine a sus mejores hombres a trabajar en ella. Tarde o temprano buscarán un cliente rentable que te sustituya.

Se ha hecho cada vez más difícil para las agencias la obtención de beneficios. Sobre cada centenar de dólares gastados por las agencias por cuenta de sus clientes respectivos, vienen a realizar un promedio de beneficio neto de unos treinta y cuatro centavos. Con un porcentaje así el menor riesgo no vale la pena.

La experiencia me ha demostrado que los anunciantes consiguen los mejores resultados cuando abonan a su agencia una tarifa determinada. El convencional sistema del 15 % resulta un anacronismo, particularmente en el caso de productos de consumo donde se espera que la agencia dé consejos objetivos en la división de gastos de marketing, entre publicidad con honorarios y promociones sin honorarios. Es muy poco realista esperar que tu agencia sea imparcial, cuando tu interés tenga que recaer enteramente en el aumento de la publicidad sujeta a honorarios.

A mí me parece que la relación cliente-agencia es más satisfactoria cuando los salarios de esta no se relacionan con la cantidad de dinero que la agencia consiga hacer gastar a sus clientes en publicidad. Prefiero estar en posición de aconsejar a mis clientes que gasten más, sin que tengan que dudar de mis motivos. Y me gusta estar en situación de aconsejar a mis clientes que gasten menos, sin incurrir en el recelo de mis propios accionistas.

No me asusta una eventual guerra de precios entre agencias. Un período de competencia en los precios reforzaría, sin duda, a las buenas y pondría fuera de combate a las mediocres. Se elevaría el nivel de rendimiento de las agencias. Las buenas obtendrían, sin duda, remuneraciones superiores a las de las malas.

Mi anuncio de que Ogilvy, Benson & Mather estaba en condiciones de manejar cuentas sobre la base de una cuota fija fue saludado con aprobación por muchos hombres previsores, ajenos al negocio de las agencias. El director de Mac Kinsey & Company, escribió:

Su anuncio demuestra un auténtico valor, al atacar públicamente un método anticuado de compensación.

Clarence Eldridge, señaló:

Debemos congratularnos de poder romper con la tradición y examinar, de una manera lógica, el asunto de la compensación de las agencias. Esto representa un avance considerable.

Pero mi conversión al sistema de cuotas fue tan impopular entre mis colegas que casi tuvo como consecuencia nuestra excomunión por parte de la Asociación Americana de Agencias de Publicidad, a cuya junta pertenecía yo entonces.

Esta augusta sociedad llevaba tres décadas contribuyendo a fijar el precio de los servicios de agencia en un 15 % y la calidad de miembro de la asociación estaba supeditada a observar una estricta obediencia a la regla. En 1956 intervino el Gobierno de los Estados Unidos para dejar sin efecto esta cláusula, pero la tradición continuó imperando. La agencia de publicidad que rechazaba el convenio de comisión convencional era considerada poco menos que una pandilla de miserables.

Pronostico que, tarde o temprano, Madison Avenue cambiará de opinión. En realidad, espero que se me recuerde como el hereje que rompió una lanza en favor del estatuto profesional de las agencias de publicidad.

8. No escatimes medios a tu agencia

Si toleras que los picapleitos de tu oficina regateen con tu agencia respecto al pago de las minutas, todos están cometiendo un craso error.

Si, por ejemplo, en tu empresa son tacaños respecto a las asignaciones para la investación, te encontrarás con que esta resulta *insuficiente*. Tu agencia se verá forzada a volar a ciegas. Y esto puede poner en juego a tu propia empresa.

Si, por el contrario, acceden a destinar fondos para ensayos comerciales previos, impresión de anuncios experimentales y todo el aparato de la investigación publicitaria, conseguirán, entre todos, que sea financieramente posible para tu agencia una investigación continua con miras a una publicidad más beneficiosa.

No creas que es tu agencia quien debe pagar siempre los platos rotos. Si, por ejemplo, se produce un anuncio televisivo que no da el resultado deseado, hay que pedir que lo intenten de nuevo, *a cargo de tu agencia*. La televisión es un medio muy difícil de utilizar. No he visto todavía ningún spot que me dejase satisfecho, pero no puedo permitirme el lujo de pagar 6.000 dólares de mi propio bolsillo para rehacerlo.

Cuando estábamos ultimando la producción de nuestro primer programa comercial para Vim, un hombre sensato de la Lever Brothers me dijo:

¿Cree usted que hay manera de mejorar este programa?

Le confesé que a mi juicio existían, por lo menos, diecinueve maneras de hacerlo.

Bien, dijo, vamos a gastar 4,5 millones de dólares en este *spot*. Necesito que tenga el mayor impacto posible. Hágalo de nuevo y le pagaremos por ello.

La mayoría de clientes habrían insistido en que esta operación se realizase por cuenta de la agencia, actitud que no anima precisamente a los espíritus creadores.

Cuando Arthur Houghton nos pidió que realizásemos la publicidad para las cristalerías Steuben, me proporcionó una muestra de su visión perspicaz:

> Nosotros fabricamos el mejor cristal del mundo. Su tarea consiste en *fabricar* la mejor publicidad.

Le contesté:

> La realización de un cristal perfecto es algo muy difícil. Incluso del equipo de artistas de Steuben salen, a veces, piezas imperfectas. Sus inspectores las rompen. La realización de una publicidad perfecta es igualmente difícil.

Seis semanas más tarde le mostré las pruebas de nuestro primer anuncio para Steuben. Era en color, y los grabados, que habían costado 1.200 dólares, resultaron imperfectos. Sin titubear, Arthur aceptó que los rompiera y preparara unos nuevos grabados. Para clientes de esta categoría, es materialmente imposible llevar a cabo trabajos imperfectos.

9. Sé sincero y fomenta la franqueza

Si crees que tu agencia no actúa bien, o tu equipo opina que un anuncio determinado resulta flojo, no deben titubear ni un momento. Digan lo que sientan con toda claridad. Si el cliente no se atreve a decírselo a la agencia, las consecuencias pueden ser desastrosas.

No les aconsejo que empleen amenazas. No les digan: «Son unos incompetentes y contrataré a otra agencia si no me presentan mañana mismo una campaña sensacional». Tamaña brutalidad solo servirá para paralizar a todo el mundo. Es mejor decirles: «Lo que me acaban de mostrar no está a la altura de nuestro habitual alto nivel. Por favor, den un nuevo toque». Al mismo tiempo, es necesario explicarles exactamente lo que encuentran inadecuado. No permitan que sea la agencia quien deba adivinarlo.

Este tipo de sinceridad les obligará a ser, asimismo, francos con ustedes mismos. Y ninguna sociedad puede fructificar si no media absoluta sinceridad por ambas partes.

10. Establece estándares elevados

Los hombres de la agencia no son semidioses. Hay que dejar bien sentado qué es lo que se espera de la agencia, que acierte humanamente y alabarlos cuando lo consigan.

A muchos clientes les resulta fácil responsabilizar a su agencia si desciende tu cifra de ventas, pero son mezquinos en el momento de conceder honores si las ventas suben. Esto es muy poco edificante.

Sin embargo, no debes dejar que la agencia se duerma en los laureles. Puede conseguir una buena campaña para tu empresa. Al día siguiente de haber dado su aprobación, ya pueden pedirles que pongan en marcha la investigación de una nueva campaña *todavía mejor*.

Tan pronto como se encuentre una campaña que responda mejor que la que esté en marcha, hay que darle luz verde. Pero no hay que abandonar nunca una campaña por el simple hecho de sentirse cansados de ella. Las amas de casa no ven sus anuncios tantas veces como ustedes.

Lo más importante es lograr una gran campaña y seguir con ella durante varios años. El problema estriba en encontrarla. No aparece a la vuelta de la esquina, como sabrían si tuviesen que encargarse de su producción.

11. Pruébalo todo

La palabra más importante en el vocabulario de la publicidad es, sin duda, PRUEBA. Si se prueba el producto con los consumidores y se prueba la publicidad, se habrá actuado correctamente en el mercado.

Vienticuatro de cada veinticinco nuevos productos no pasan nunca las pruebas de mercado. Los fabricantes que no prueban sus productos a escala de mercado incurren en el fracaso de sus productos a escala nacional con el coste colosal que supone, en vez de dejar que mueran de una forma disimulada y económica en mercados-piloto.

Prueba la oferta. Pureba los medios. Prueba las cabeceras y las ilustraciones. Prueb el tamaño de los anuncios. Prueba la frecuencia. Prueba el nivel de inversión. Prueba los comerciales. Nunca pares de probar y tu publicidad nunca dejará de mejorar.

12. Prisa

En las grandes empresas, la mayoría de jóvenes se comportan como si el beneficio no fuese una función del tiempo. Cuando Jerry Lambert registró su primer éxito con Listerine, aceleró todo el proceso de su marketing dividiendo el tiempo en *meses*. En vez de limitarse a planes *anuales*, Lambert revisaba mensualmente su publicidad y sus beneficios. El resultado fue que obtuvo 30 millones de dólares en ocho años cuando la mayor parte de personas necesitan doce veces este margen de tiempo para conseguir un resultado similar. En tiempos de Jerry Lambert, la Lambert Pharmacal Company vivía al mes, en vez de al año. Este sistema es recomendable para todos los anunciantes.

13. No malgastes el tiempo en problemas infantiles

La mayor parte de los anunciantes y sus respectivas agencias dedican demasiado tiempo a preocuparse de la manera de hacer revivir productos que están en declive en lugar de tratar de lograr que los productos triunfantes lo sean todavía más. En publicidad es necesario alguien con temple para enfrentarse cara a cara con los resultados desfavorables de las investigaciones para evitar pérdidas y seguir adelante.

No siempre es necesario mantener un producto. A veces se pueden lograr grandes beneficios sin necesidad de «nutrirlo». Muy pocos hombres de marketing saben *cómo* alimentar las marcas agonizantes. Es lo mismo que jugar sin dinero una mano de póker.

Los clientes deben concentrar su tiempo, sus cerebros y su dinero para la publicidad en pos del éxito. Reconocer el éxito cuando se produzca, y hacer la publicidad. Respaldar los productos vencedores y abandonar los derrotados.

14. Tolera la genialidad

Conan Doyle afirmó que «la mediocridad ignora todo lo que es más elevado». Mi observación personal es que las personas mediocres reconocen al genio, quedan resentidas y se creen en la obligación de destruirlo.

Existen pocas personas de genio en las agencias de publicidad. Pero las pocas que podemos encontrar nos son muy necesarias. Casi sin excepción resultan desagradables. No las destruyan, por favor. Ponen huevos de oro.

15. No gastes menos de lo necesario

Dice Charlie Mortimer, presidente de General Foods y primer jefe de publicidad que tuvo dicha empresa:

> El camino más seguro para gastar con exceso en publicidad consiste en no gastar en su día lo suficiente para poder realizar con eficiencia una tarea.

Es lo mismo que adquirir un billete que solo cubra las tres cuartas partes de la ruta a Europa. Se gasta algún dinero, pero no se alcanza el objetivo previsto.

He llegado a pensar que nueve de cada diez presupuestos de publicidad son demasiado reducidos para realizar la misión que les ha sido asignada. Si el mantenimiento de tu marca representa un desembolso inferior a tres millones de dólares anuales en publicidad, no intentes realizarla a escala nacional. Concentra todo el dinero del que dispongan en tu empresa en sus mercados más rentables, o limita tu publicidad a un grupo de regiones. O renuncia completamente a ella. Es odioso tener que admitirlo, pero existen otros caminos para llegar a la fortuna.

5

FORJANDO GRANDES CAMPAÑAS

En nuestra agencia, cuando los redactores, directores artísticos y productores de televisión se ponen manos a la obra, quedan concentrados en una sala de conferencias y allí se les somete a mi linterna mágica, que les indica cómo hay que escribir los titulares y el texto, cómo hay que ilustrar los anuncios y también cómo escoger los enfoques básicos de sus campañas. Las reglas que les inculco no representan precisamente mi opinión personal, sino que son el resumen de todo cuanto he aprendido a través de la investigación.

Los «reclutas» reaccionan de diferente manera. Algunos encuentran confort y seguridad bajo el mando de un jefe que parece estar enterado de lo que explica. Otros parecen inquietos ante la perspectiva de tener que trabajar sometidos a tan rígidas disciplinas.

«Seguramente, tantas reglas y disposiciones darán por resultado una publicidad aburrida», dicen.

«No *tanto*», les contesto.

Y me extiendo sobre la importancia de la disciplina en el arte. Shakespeare escribió sus sonetos dentro de la disciplina más estricta; catorce versos rimando en tres cuartetas y un pareado. ¿Acaso eran aburridos sus sonetos? Mozart escribió sus óperas dentro de una disciplina igualmente rígida: exposición, nudo y desenlace. ¿Eran insípidas?

Este argumento desarma a la mayoría. Y les prometo que, si se apoyan en mis principios, pronto producirán buenos anuncios.

¿Qué es un buen anuncio? Existen tres conceptos. Los cínicos sostienen que un buen anuncio es el que está aprobado por el cliente. Otro se basa en la definición de Raymond Rubicam:

> La mejor identificación para conocer un gran anuncio es que el público no solo se sienta atraído por él, sino que lo recuerde durante mucho tiempo como una admirable obra maestra.

Mi aportación ha consistido en anuncios que serán recordados por el mundo de la publicidad como «admirables obras maestras», pero yo pertenezco a la tercera escuela, la que sostiene que un buen anuncio es el que hace vender el producto sin atraer la atención sobre sí mismo. Debe servir para fijar la atención del lector sobre el producto. En vez de decir: «qué anuncio tan inteligente», el lector dice: «no sabía que esto existiera. Tengo que probar este producto».

Es un deber profesional del publicitario ocultar su truco. Cuando un gran tribuno hablaba, las gentes decían: «qué bien habla». Pero, cuando Demóstenes tomó la palabra, todos dijeron: «vayamos contra Filipo». Yo estoy con Demóstenes.

Si mis nuevos «reclutas» ponen reparos a esta escueta definición de la buena publicidad, les invito a regresar a sus empleos anteriores para sumergirse en la tontería y en la ignorancia.

Mi siguiente paso consiste en decirles que no les permitiré utilizar la palabra «CREATIVO» para describir la función que van a desempeñar en nuestra agencia. La palabra, incluso más de moda, «CREATIVIDAD» no figura en el volumen doce del Diccionario de Oxford.[16] Recuerda Leo Burnett una frase de Bernard Berenson, con el fin de señalar que lo único que aportaron los etruscos al arte de los griegos fue «la originalidad de la incompetencia». Fairfax Cone opina que le gustaría borrar de nuestras vidas la palabra CREATIVIDAD. Ed Cox piensa que «no existen redactores creativos o no creativos; solo hay buenos y malos escritores de anuncios». Hay que tener en cuenta que Burnett, Cone y Cox figuran entre los hombres más «creativos» del negocio publicitario. ¿Cómo nos las arreglábamos hace veinte años, cuando la palabra «creatividad» no había sido incorporada al léxico publicitario? Me da vergüenza confesar que, a veces, también la empleo, incluso mientras escribo estas páginas.

Expondré en este capítulo lo que vería el lector con mi linterna mágica el día en que viniese a trabajar para Ogilvy, Benson & Mather. La investigación en que se basa procede de cinco fuentes principales.

Primera: de la experiencia de los anunciantes de ventas por correspondencia. Esta élite —representada por maestros como Harry Scherman, del Club del Libro del Mes, Vic Schwab y John Caples— sabe más que nadie acerca de las realidades de la publicidad. Están en condiciones de verificar los resultados de cada anuncio que redactan porque su visión no queda oscurecida por aquellos complejos canales de distribución que hacen imposible, para la mayor parte de fa-

---

16. En la primera edición del libro no se encontraba tampoco en el Diccionario de la Real Academia de la Lengua Española. *(N. del T.)*

bricantes, diseccionar los resultados de su publicidad entre los demás factores de su marketing.

El anunciante de ventas por correspondencia no tiene detallistas que contraigan o dilaten sus inventarios para ayudar a su producto u ocultarlo bajo el mostrador. Debe confiar solo en sus anuncios para realizar todo su trabajo de venta. O el lector recorta el cupón, o no lo recorta. Pocos días después de la aparición de su anuncio, el redactor sabe si es rentable o no lo es.

Durante veintisiete años he tenido mis ojos puestos en lo que hacen en sus anuncios los comerciantes de artículos que se venden por correspondencia. Y de esta observación han cristalizado algunos principios generales, los cuales creo que pueden aplicarse a todos los tipos de publicidad.

La **segunda** fuente de información, que determina el triunfo de algunas técnicas y el fracaso de otras es la experiencia de los grandes almacenes con muchos departamentos. Al día siguiente de la publicación de un anuncio ya pueden contabilizar las ventas que este ha producido. Es por ello que sigo con tanta atención las prácticas publicitarias de Sears, los detallistas más renombrados de los Estados Unidos.

La **tercera** fuente de datos sobre la cual se apoya mi linterna mágica, es la investigación realizada por Gallup, Starch, Clark-Hooper y Harold Rudolph sobre los factores que hacen que la gente lea los anuncios y, en el caso del doctor Gallup, de los factores que contribuyen a que las gentes *recuerden* lo que leen. En conjunto, sus hallazgos se apoyan básicamente en la experiencia de las ventas por correspondencia.

Se sabe más acerca de las reacciones del consumidor ante la publicidad en periódicos y revistas que de las reacciones ante los anuncios de televisión, porque una seria investigación en la televisión —mi **cuarta** fuente— no se inició hasta hace diez años. Sin embargo, el doctor Gallup y otros ya han producido un conjunto de conocimientos sobre la publicidad televisada que resultan suficientes para emanciparnos del problema, latente hasta ahora, de tener que confiar *totalmente* en conjeturas y adivinanzas.

(Cuando se trata de espacios publicitarios en radio, apenas existen fuentes de investigación. La radio ha quedado desplazada por la televisión antes de que nadie aprendiese a emplearla científicamente, pero se ha repuesto hasta el punto de poderla considerar la Cenicienta de los medios de publicidad. Ahora es el momento para que los investigadores entren en acción.)

Mi **última fuente** es menos científica. Soy un recolector de cerebros empedernido y los cerebros más gratificantes que he recogido son los de mis predecesores y competidores. He aprendido mucho estudiando las exitosas campañas de Raymond Rubicam, Jim Young y George Cecil.

He aquí mis recetas para cocinar la clase de campañas publicitarias que hacen sonar el timbre de la caja registradora, once mandamientos que hay que obedecer si se trabaja en mi agencia:

1. Lo que se dice es más importante que la forma en que se dice

Una vez estaba ascendiendo al «imperial» de un autobús de la Quinta Avenida, cuando oí a una fabulosa ama de casa americana decir a otra:

Querida Molly, yo habría comprado esa nueva marca de jabón de tocador si el anuncio hubiese estado en Futura del cuerpo 10.

No te lo creas. Lo que realmente decide a un consumidor a comprar o a no comprar es el *contenido* del anuncio y no su forma exterior. Lo más importante consiste en decidir lo que se va a decir del producto y del beneficio que se va a prometer. Hace doscientos años, el doctor Johnson dijo:

Promesas y más promesas... eso es el alma de un anuncio.

Cuando procedió a la subasta de las instalaciones de la Anchor Brewing Company hizo la siguiente promesa:

No estamos aquí para vender calderas y alambiques, sino la potencialidad de hacerse ricos más allá de los sueños de la avaricia.

La elección de la promesa adecuada es de tan vital importancia que uno nunca se debe apoyar en conjeturas para decidir sobre la misma. En Ogilvy, Benson & Mather utilizamos cinco técnicas de investigación para establecer cuál es la más poderosa.

Una **técnica** consiste en distribuir varios lotes del producto a varios grupos iguales de consumidores, llevando cada lote, en su envase, una promesa diferente. A continuación, comparamos los porcentajes de consumidores, según los grupos que repiten pedidos.

Otra **técnica** es la de presentar a los consumidores llevando cada lote, en su envase, una o varias promesas, pidiéndoles que seleccionen la que creen que es más adecuada para inducirles a comprar el producto. He aquí los resultados de un ensayo de este tipo:

CREMA FACIAL

Penetra profundamente en los poros

No reseca el cutis

Es un completo tratamiento de belleza

Recomendada por los especialistas de la piel

Hace el cutis más joven

Evita el endurecimiento del maquillaje

Contiene hormonas estrogénicas

Pasteurizada para mayor pureza

Evita el envejecimiento de la piel

Elimina las arrugas

De esta votación surgió una de las más acertadas cremas faciales de Helena Rubinstein. La bautizamos *Deep Cleanse*r (crema limpiadora profunda), introduciendo así la promesa que resultó preferida en primer lugar.

Otra **técnica** se basa en la preparación de una serie de anuncios, enfocando en cada uno de ellos una promesa diferente. Adjuntamos entonces estos anuncios a las muestras enviadas y anotamos el número de pedidos proporcionado por cada uno de ellos.

Otra técnica se basa en la publicación de un par de anuncios, en la misma posición y en la misma edición de un periódico, con la oferta de una muestra camuflada entre el texto. Utilizamos este ingenioso truco para seleccionar la promesa más destacada, en el caso del jabón de tocador Dove. El eslogan «Suaviza su piel mientras lava» obtuvo un 63 % más de pedidos que el otro y ha sido el eje de todos los anuncios de Dove que se han publicado. Este maravilloso producto obtuvo beneficios al final de su primer año, un hecho muy poco frecuente en el actual mundo del marketing.

Por último, hemos desarrollado una técnica para seleccionar promesas básicas, tan valiosa que mis socios me han prohibido revelarla. Me recuerdan aquella interesada familia de obstetras del siglo XVIII que hicieron una fortuna trayendo al mundo más bebés vivos que ninguno de sus competidores. Guardaron celosamente su secreto durante tres generaciones, hasta que un entrometido estudiante de medicina se asomó un buen día a la ventana de su consultorio y así fue revelado al mundo el diseño de sus fórceps que empleaban.

2. A menos que tu campaña se base en una gran idea, fracasará

No todos los clientes pueden apreciar una gran idea cuando se les expone. Recuerdo mi explicación a un cliente de una idea verdaderamente genial y su respuesta:

Señor Ogilvy, ahí tiene usted el *principio* de una buena idea.

Cuando empecé a redactar anuncios estaba determinado a abrir nuevos caminos, a hacer de cada una de mis campañas la más afortunada de todas las de su ramo. No siempre he fracasado.

3. Exponer los hechos

Muy pocos anuncios contienen suficiente información basada en hechos para ayudar a la venta del producto. Existe entre los publicitarios una ridícula tradición basada en que los consumidores no se interesan por los hechos. Nada más lejos de la verdad. Estudia el texto del catálogo de Sears. Contribuye a realizar ventas de mercancías por valor de mil millones de dólares, exponiendo *realidades*. En mis anuncios para Rolls-Royce no expuse nada más que hechos. Nada de adjetivos, nada de «cosas graciosas o divertidas».

El consumidor no es tonto, es tu mujer. Insultas su intenteligencia si supones que un sencillo eslogan y adjetivos vacíos le convencerán a comprar algo. Quiere toda la información que puedas darle.

Las marcas que compiten entre sí se parecen cada vez más. Quienes las crean tienen acceso a las mismas revistas científicas, emplean las mismas técnicas de producción y se rigen por la misma investigación. Cuando se enfrentan con el hecho poco agradable de que su marca es, aproximadamente, igual a las demás, la mayoría de los redactores publicitarios sacan la conclusión de que no hay por qué decirle al consumidor lo que es común a todas las marcas; por lo tanto, se limitan a algún punto trivial de diferencia. Confío en que continuarán cometiendo este error, porque ello nos permitirá *adelantarnos a la verdad* para nuestros clientes.

Cuando anunciamos Shell, exponemos *hechos* al consumidor, muchos de los cuales podrían ser utilizados por otros distribuidores de gasolina. Pero, como no lo hacen, estos hechos son originales. Cuando hacemos publicidad para las Reales Líneas Aéreas Holandesas KLM, describimos a los viajeros las medidas de seguridad que también toman todas las demás líneas aéreas, aunque aquellas no tengan el acierto de mencionarlas en sus anuncios.

Cuando yo era un vendedor a domicilio, descubrí que, cuanta más información sabía acerca de mi producto, más vendía. Claude Hopkins hizo el mismo descubrimiento sobre publicidad hace cincuenta años. Pero la mayor parte de redactores modernos encuentran más fácil redactar anuncios breves y perezosos. Coleccionar datos es una tarea muy dura.

4. No se puede cansar a la gente para que compre

La familia de tipo medio está hoy expuesta a más de 1.500 anuncios diarios. No debe extrañarnos que hayan adquirido un talento especial para saltarse los anuncios de los periódicos y que se vayan al baño mientras se emiten los anuncios de televisión.

La mujer normal solo lee, actualmente, cuatro de los anuncios que aparecen en su revista predilecta. Solo les echa una *ojeada*, pero una mirada le basta para llegar a la conclusión de que el anuncio resulta fastidioso de leer.

La competencia para ganar la atención del consumidor se hace cada año más feroz. Este se ve sometido a un bombardeo publicitario por valor de más de mil millones de dólares mensuales. Treinta mil marcas luchan por encontrar un hueco en su memoria. Si necesitan que se oiga tu voz por encima de esta barrera, no hay duda de que tu voz debe ser única. Nuestro negocio consiste en hacer que las voces de nuestros clientes se oigan entre la multitud.

Debemos crear anuncios que a las personas les guste leer. No se pueden salvar almas en una iglesia vacía. Si adoptan nuestras reglas, serán capaces de conseguir más lectores por dólar.

Pregunté una vez a sir Hugh Rigby, sargento cirujano del Hospital Jorge V:

¿Qué es lo que hace grande a un cirujano?

Sir Hugh respondió:

No hay mucho que elegir entre los cirujanos en cuanto a destreza manual. Lo que distingue al gran cirujano es que sabe más que los demás cirujanos.

Lo mismo sucede con los agentes publicitarios. Los buenos conocen su oficio.

5. Sé educado, pero no hagas el payaso

El público no compra a vendedores maleducados, la experiencia ha demostrado que los anuncios redactados con mala educación no incitan a la compra. Es más fácil vender con un amistoso apretón de manos que golpeando la cabeza con un martillo. Debe tratarse de *seducir* al consumidor para que compre el producto.

Esto no quiere decir que los anuncios deban ser simpáticos o cómicos. El público no compra payasadas. Cuando un ama de casa llena su cesta de la compra, su mente está pasando por un momento muy serio.

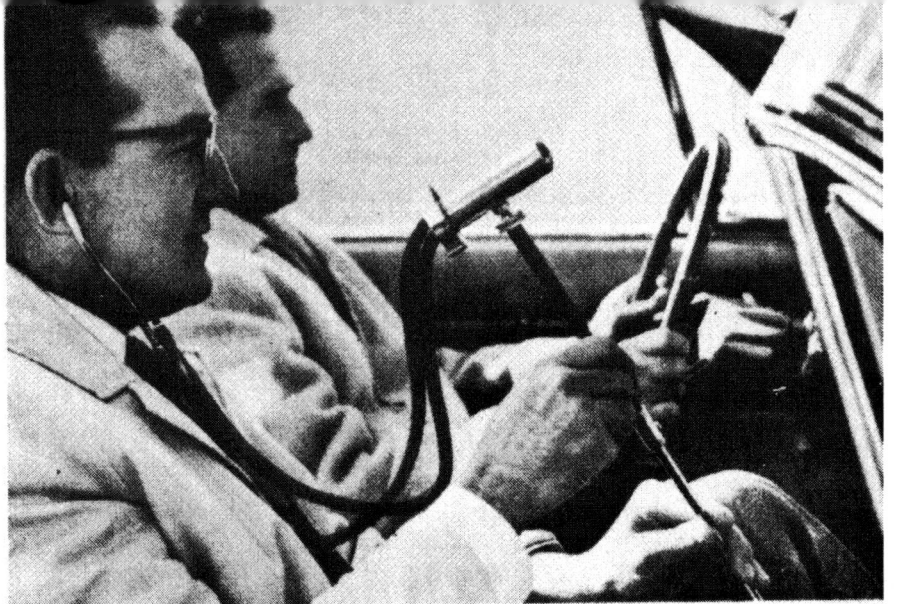

NOISY ENGINE?

Super Shell's nine ingredients include 3 noise-fighters for top performance. Alkylate fights high-speed knock. TCP fights wild ping. And an anti-knock mix fights ordinary knock.

Here are the facts on 3 pesky engine noises. Why they may be signs of trouble. How one of them could be pounding away in your engine without your knowing it. And how today's Super Shell fights them all.

How Super Shell's other ingredients help you get top performance

Noise #3. Ordinary knock — how Super Shell fights it

Noise #2. Wild ping — how Super Shell fights it

Noise #1. High-speed knock — how Super Shell fights it

SHELL

«Hechos, hechos, siempre hechos. En ellos se basó esta campaña de Shell, con largos textos de vendedores… que, efectivamente, vendieron en un mercado duramente competitivo».

6. Haz que tu publicidad se actual

La joven ama de casa de 1963 nació tras la muerte del presidente Roosevelt. Vive en un mundo nuevo. Con mis cincuenta y un años, se me hace cada vez más difícil entender a las parejas de recién casados que empiezan su vida. Este es el motivo por el cual la mayoría de redactores de nuestra agencia son tan jóvenes. Comprenden mejor que yo la psicología de los jóvenes consumidores.

7. Los comités pueden criticar los anuncios, pero no redactarlos

Una buena parte de los anuncios de televisión parecen actas de reunión de un comité, y es lo que son en realidad. Parece ser que la publicidad vende más cuando está redactada por un individuo solitario. Debes estudiar el producto, la investigación y los antecedentes. Luego debes cerrar la puerta de tu oficina y escribir el anuncio. El mejor anuncio que yo haya escrito, jamás pasó por diecisiete borradores y forjó un imperio comercial.

8. Si tienes la suerte de acertar con un buen anuncio, repítelo hasta que deje de interesar

Han habido anuncios muy bien realizados que dejaron de publicarse bastante antes de que perdiesen su eficacia, simplemente porque los anunciantes se cansaron de verlos. El famoso anuncio de Stirling Getchell para los coches Plymouth («Mire a los tres») apareció solo una vez y fue seguido por una serie inferior de variaciones que pronto cayeron en el olvido. En cambio, la Sherwin Cody School of English mantuvo el mismo anuncio («¿Comete usted faltas en inglés»?) durante cuarenta y dos años, cambiando solamente el tipo de cara y el color de la barba de Mr. Cody.

No se hacen anuncios para ejércitos acuartelados, sino para desfiles de tropas en marcha constante. Tes millones de consumidores se casan cada año. El anuncio que hizo vender una nevera a los que se casaron el año pasado tendrá probablemente el mismo éxito con los que lo hagan en el próximo. Cada año mueren 1.600.000 consumidores y nacen 4 millones de nuevos consumidores. Entran en el mercado y salen de él. Un anuncio es como un radar, detecta constantemente nuevas perspectivas a medida que estas aparecen en el mercado. *Consigue un buen radar y mantenlo en funcionamiento*.

9. Nunca escribas un anuncio que no quieras que lea tu propia familia

No le dirás mentiras a tu propia esposa. No se las digan a la mía, por favor. Haz lo que harías con la tuya.

Si se dicen mentiras acerca de un producto, se expone uno a ser descubierto, bien por el Gobierno, que nos perseguirá, o por el consumidor, que nos castigará no comprándolo por segunda vez.

Los buenos productos pueden venderse mediante una publicidad *honesta*. Si no se cree que el producto es bueno, no se debe anunciar. Si se dicen mentiras, o se actúa como un camaleón, acomodándose al ambiente, se le hace al cliente un flaco favor, aumenta la carga de culpa y aviva el resentimiento del público contra todo el negocio publicitario.

10. La imagen y la marca

Cada anuncio debe ser estudiado como una contribución al símbolo tan complejo que es la *imagen de la marca*. Si se toma esta precaución, quedan resueltos por sí solos una gran cantidad de problemas diarios.

¿Cómo decidir qué tipo de imagen construir? No existe una respuesta breve. Aquí, la investigación no juega ningún papel. Se ha optado por emplear solamente la intuición.

(Observo una reticencia cada vez mayor por parte de los ejecutivos de marketing a emplear la intuición; confían demasiado en la investigación y la utilizan como haría un borracho con una farola, para apoyarse más que para iluminarse.)

La mayoría de fabricantes son reacios a aceptar cualquier *limitación* de la imagen de su marca. Quieren que sea apta para todo el mundo. Necesitan que sea, a la vez, una marca masculina y una marca femenina. Una marca de alta burguesía y una marca plebeya. Acaban, finalmente, con una marca sin ninguna personalidad, algo neutro y diluido. Ningún pollo se hace jamás el amo del gallinero.

Un 95 % de todas las campañas, actualmente en marcha, viene creándose sin ninguna referencia a tales consideraciones a largo plazo. Se está creando *ad hoc*. De aquí la falta de una imagen coherente de un año a otro.

¡Qué milagro se produce cuando un fabricante acierta a mantener, durante años, un estilo coherente en su publicidad! Hay que pensar en todas las fuerzas que contribuyen a cambiarlo. Los jefes de publicidad vienen y se van. Los redactores, también. Incluso las agencias vienen y se van.

Hay que tener valor para mantener un estilo frente a todas las que incitan a «inventar algo nuevo» cada seis meses.

Es trágicamente fácil salir de estampida en el cambio. Pero al anunciante que tiene cerebro para crear una imagen coherente le aguardan doradas recompensas, además de la estabilidad de seguir con ella durante mucho tiempo. Puedo citar, como ejemplos, la sopa Campbell Soup, el jabón Ivory, Esso, los preparados de repostería Betty Crocker y la cerveza Guinness (en Inglaterra). Los hombres responsables de la publicidad de estos productos tenazmente perennes, han comprendido que cada anuncio, cada espacio radiofónico, cada comercial de televisión no es un solo disparo, sino una inversión a largo plazo en la personalidad total de sus marcas. Han presentado al mundo una imagen consistente y la han enriquecido en el proceso.

Durante los últimos años, los investigadores han podido decirnos la imagen que las viejas marcas han adquirido en la mente del público. Algunos fabricantes han podido ver, con sorpresa, que su imagen presenta serios defectos que han estado dañando sus ventas. Piden, entonces, a su agencia de publicidad que se ocupe de *cambiar* la imagen. Esta es una de las operaciones más difíciles que nos pueden pedir, porque la imagen defectuosa se ha ido formando durante años. Es el resultado de muchos factores diferentes: publicidad, precios, nombre del producto, envasado, clase de televisión patrocinada, tiempo que ha estado en el mercado, etc.

Muchos fabricantes que consideran oportuno el cambio de imagen de su marca desean hacerlo en ascenso. A menudo, una imagen ha sido adquirida a base de presentar una ganga, activo muy útil en tiempos de escasez económica, pero grave impedimento en días de prosperidad, cuando la mayoría de consumidores están escalando a una posición social superior.

No resulta fácil realizar una operación de cambio de imagen de una antigua marca que se introdujo basada en sus precios bajos. En muchos casos, sería más fácil empezar otra vez con una marca nueva.

Cuanto mayor es la similitud de marcas, menor parte juega la razón en la selección. No existe diferencia significativa entre las diversas marcas de whisky, o de cigarros, o de cerveza. Todas son, aproximadamente, iguales. Y también lo son los diversos preparados para pastelería, los detergentes y las margarinas.

El fabricante que dedique su publicidad a forjar la *personalidad* más perspicaz para su marca obtendrá la mayor parte del mercado, con el más elevado beneficio. Seguro que los fabricantes que se verán pronto en la cuneta son aquellos oportunistas de corto alcance que utilizan para promociones sus fondos de publicidad. Año tras año, me veo en la penosa obligación de avisar a mis clientes de lo que les ocurrirá si gastan tanto en promociones: que no les quede dinero para publicidad.

Los precios con descuentos y otros tratamientos hipodérmicos tienen éxito entre los directores de ventas, pero su efecto es efímero y pueden contribuir a la formación de hábitos. Dice Bev Murphy, quien inventó la técnica de Art Nielsen para la medición de las compras y llegó a ser presidente de la Campbell Soup Company:

> Las ventas son una función del producto y de la publicidad. *Las promociones no pueden producir más que una subida temporal en la curva de ventas.*

Jerry Lambert no empleaba nunca las promociones para la marca Listerine; sabía que los picos en la curva de ventas hacen imposible la interpretación de los resultados de la publicidad.

El empleo constante de promociones de precios con descuentos disminuye la estima que el consumidor tiene por el producto, ¿puede ser deseable algo que siempre se vende con descuento?

Planeen sus campañas para los años venideros bajo la premisa de que sus clientes piensan permanecer para siempre en el negocio. Forjen personalidades agudamente definidas para sus marcas y aférrense a ellas año tras año. Es la personalidad de una marca, más que cualquier trivial diferencia del producto, la que decide, en última instancia, su posición en el mercado.

11. Nada de plagios

Rudyard Kipling escribió un largo poema acerca de un viejo lobo de mar llamado sir Anthony Gloster. En su lecho de muerte, el anciano repasa el curso de su vida para su hijo y se refiere despectivamente a sus competidores:

*Copiaron todo lo que pudieron
    pero no pudieron copiar mi mente,
Y los dejé sudando y robando, con un año
    y medio de retraso.*[17]

Si tienes alguna vez la gran fortuna de crear una estupenda campaña publicitaria, verás cómo enseguida se la apropia otra agencia. Esto es irritante, pero no debe preocuparte. Nadie ha forjado jamás una marca imitando la publicidad de otra.

La imitación podrá ser «la forma más sincera del plagio», pero también es el estigma de una personalidad inferior.

---

17. *They copied all they could follow, but they
        couldn't copy my mind,
    And I left 'em sweating and stealing, a year
        and a half behind.*

Estos son, por consiguiente, los principios generales que acostumbro a inculcar a mis nuevos «reclutas». Cuando invité a un grupo de ellos —que habían cumplido su primer año con nosotros— a comparar a Ogilvy, Benson & Mather con sus respectivas agencias de origen, tuve una sorpresa muy agradable ante el número de los que insistían sobre el hecho de que tenemos un dogma claramente definido. He aquí lo que escribió uno de ellos:

Ogilvy, Benson & Mather tiene un punto de vista coherente, una opinión corporativa de lo que constituye una buena publicidad. Mi anterior agencia no tiene ninguna y, en consecuencia, marchaba sin timón y sin rumbo.

6

CÓMO REDACTAR TEXTOS POTENTES

CABECERAS O TITULARES

La cabecera es el elemento más importante de la mayor parte de anuncios. Es el telegrama que inclina al lector a leer o a no leer el texto.

Como promedio, de cada cinco personas que leen la cabecera, solo una lee el conjunto del texto. Cuando se ha redactado una cabecera ya se han gastado ochenta centavos del dólar disponible.

Por lo tanto, si no se consigue alguna venta con la cabecera, se habrá malgastado el 80 % del dinero del cliente. El peor de todos los pecados publicitarios es publicar un «sin cabecera». Estas «maravillas sin cabeza» pueden encontrarse todavía. No envidio al redactor que me presenta alguno.

Un cambio de cabecera puede proporcionar una diferencia en las ventas de diez a uno. Nunca escribo menos de dieciséis cabeceras para un simple anuncio, y me rijo por ciertas reglas al redactarlos:

1. La cabecera es «la etiqueta de garantía». Debe emplearse como banderín de enganche de presuntos clientes para la clase de producto objeto del anuncio. Si se vende un remedio contra la incontinencia de vejiga, hay que exhibir bien claramente las palabras INCONTINENCIA DE VEJIGA en los titulares. Entran por los ojos a todos los que padecen esta molestia. Si se desea que las *madres* lean el anuncio, debe figurar la palabra MADRE en la cabecera. Y así sucesivamente.

Por el contrario, no debe figurar en los titulares nada que pueda *excluir* a ciertos lectores que pudiesen adoptar el producto. Por eso, si se anuncia un producto que pueden emplearlo tanto los hombres como las mujeres, no hay que inclinar la cabecera hacia estas, pues se podría espantar a los hombres.

2. Cada cabecera debe apelar al *propio interés* del lector o lectora. Debe prometerle un beneficio, como en el epígrafe de mi anuncio de la crema hormonal de Helena Rubinstein: CÓMO PUEDE REJUVENECER UNA MUJER DE MAS DE 35 AÑOS.
3. Hay que tratar de inyectar *noticias* en las cabeceras, porque el consumidor está siempre pendiente de nuevos productos, de nuevas formas de emplear los antiguos, o de nuevos perfeccionamientos en los existentes.

Las dos palabras de mayor potencia que pueden emplearse en una cabecera son GRATIS y NUEVO. De vez en cuando puede utilizarse GRATIS, pero casi siempre puede adoptarse la palabra NUEVO.

4. Otras palabras y frases que producen efectos maravillosos son:

CÓMO LOGRAR	MILAGRO
DE REPENTE	MÁGICO
AHORA	OFERTA
PRESENTANDO	RÁPIDO
INTRODUCIENDO	FÁCIL
AQUÍ ESTA	NECESARIO
RECIÉN LLEGADO	DESAFÍO
IMPORTANTE	UN CONSEJO
PERFECCIONAMIENTO	LA VERDAD ACERCA DE
MEJORAMIENTO	COMPAREN
ASOMBROSO	GANGA
SENSACIONAL	PRISA
DESTACADO	ÚLTIMA
REVOLUCIONARIO	OPORTUNIDAD...
ORIGINAL	

No aparten su nariz de estos clichés. Pueden parecer gastados, pero funcionan. Por ello se ven tan a menudo en las cabeceras de los anunciantes de ventas por correspondencia y similares, que son quienes pueden verificar los resultados de su publicidad.

Las cabeceras quedan reforzadas cuando se incluyen palabras emotivas como:

QUERIDA	ORGULLO
AMOR	AMIGO
TEMOR	BEBÉ

Uno de los anuncios más provocativos que haya salido jamás de nuestra agencia mostraba a una muchacha en el baño hablando por teléfono con su amado. La cabecera decía:

«QUERIDO, ¡QUÉ EXTRAORDINARIA EXPERIENCIA! ESTOY CUBIERTA CON "DOVE" DE PIES A CABEZA.»

5. Teniendo en cuenta que por cada cinco personas que leen la cabecera solo una lee el anuncio, es muy importante que por lo menos se informe a los primeros semilectores de la marca que se anuncia. Por este motivo es conveniente que figure en la cabecera el nombre del producto.

6. Debe incluirse en las cabeceras la promesa principal de venta. Esto requiere cierta extensión de las mismas. Cuando la Escuela de Detallistas de la Universidad de Nueva York efectuó ensayos de títulos con la cooperación de unos grandes almacenes, pudo apreciar que los titulares de 10 o más palabras, conteniendo información y noticias, hacían vender más que los epígrafes breves.

Las cabeceras con un contenido de 6 a 12 palabras provocan más envíos de cupones que los de texto corto, y no existe diferencia significativa entre el lector de cabeceras de 12 palabras y el lector de cabeceras de 3. El mejor que he escrito en toda mi vida, contenía 21 palabras:

«A SESENTA MILLAS POR HORA, EL MAYOR RUIDO QUE SE OYE EN EL NUEVO ROLLS-ROYCE PROCEDE DE SU RELOJ ELÉCTRICO.»[18]

18. Cuando el Ingeniero Jefe de las fábricas Rolls-Royce leyó esta frase, movió la cabeza tristemente, diciendo: «Ya va siendo hora de que hagamos algo para mejorar ese condenado reloj».

7. Es muy probable que el público lea el texto si la cabecera despierta su curiosidad. Por lo tanto, debe terminar con un señuelo que provoque su lectura.

8. Algunos redactores escriben cabeceras con trucos —juegos de palabras, citas literarias, y otras vaguedades por el estilo—. Esto no debe hacerse, porque en un periódico de tipo medio, una cabecera ha de competir con otras 350 para ganar la atención. La investigación ha demostrado que los lectores pasan tan rápidamente a través de esta jungla que no se paran a descifrar el significado de los titulares oscuros. Estos deben expresar en forma telegráfica lo que se tenga que decir y deben hacerlo en lenguaje corriente. No se puede jugar con el lector.

En 1960, el suplemento literario del *Times* atacaba esta caprichosa tradición de la publicidad británica, denominándola «de propia indulgencia»; una especie de chiste para la clase media, pensado, al parecer, para divertir al anunciante y a su cliente. Amén.

9. La investigación demuestra que es peligroso utilizar enfoques negativos en las cabeceras. Si, por ejemplo, ustedes escriben: «NUESTRA SAL NO CONTIENE ARSÉNICO», muchos lectores se olvidarán de la negativa y quedarán bajo la impresión de que lo que escribieron era: «NUESTRA SAL CONTIENE ARSÉNICO».

10. Hay que evitar las cabeceras ciegas, aquellas que no significan nada hasta que se lee el texto que figura después; la mayor parte de la gente no lo hace.

EL TEXTO

Cuando uno toma asiento y se dispone a redactar un texto, debe imaginarse que está en una cena de gala y conversa con la dama que tiene al lado. Ella le pregunta: «Estoy pensando en comprar un nuevo coche, cuál me recomiendas?». Redacta el texto como si estuvieses contestando a esa pregunta:

1. No te andes con rodeos. Ve al grano. Evita analogías del tipo de «tal como, así también». El doctor Gallup ha demostrado que estos argumentos «en dos fases» son generalmente malinterpretados.

2. Evita superlativos, generalizaciones y perogrulladas. Sé específico. Cíñete a los hechos. Sé entusiasta, amistoso y persuasivo. No aburras al lector. Di la verdad, pero hazla fascinante.

¿Qué extensión debe tener tu texto? Depende del producto. Si se anuncia goma de mascar, no hay mucho que decir. Por lo tanto, el texto debe ser breve. Si, por el contrario, se está anunciando un producto que tiene muchas y diversas cualidades que señalar, redacta un texto extenso: cuantas más cosas digas, más ventas conseguirás.

Existe una creencia universal, en los círculos profanos, de que el público no soporta los textos largos. Nada más lejos de la verdad. Claude Hopkins redactó una vez cinco páginas de denso texto para la cerveza Schlitz. En pocos meses, Schlitz pasó del quinto al primer lugar. Una vez escribí un texto muy extenso para la margarina Good Luck con los resultados más positivos.

La investigación demuestra que la lectura decae rápidamente hasta 50 palabras de texto, pero desciende muy poco entre las 50 y las 500. En mi primer anuncio para Rolls-Royce empleé 719 palabras, sumando un hecho fascinante tras otro. En el último párrafo escribí:

Las personas que sientan timidez ante un Rolls-Royce pueden comprar un Bentley.

A juzgar por el número de aficionados al motor, que captaron la palabra «timidez» y la adoptaron como bandera, llegué a la conclusión de que sí leían completamente el anuncio. En el siguiente utilicé 1.400 palabras.

Cada anuncio debería ser un argumento *absoluto* en las ventas de su producto. Es muy poco realista suponer que los consumidores leerán una *serie* de anuncios del mismo producto. En cada anuncio hay que lanzar el producto, partiendo d ela base de que es la única oportunidad que tendrás para vender el producto al lector: *ahora o nunca*.

Dice el doctor Charles Edwards, de la Escuela de Detallistas de la Universidad de Nueva York:

Cuantos más hechos se expliquen, más se venderá. Las oportunidades de éxito de un anuncio aumentan invariablemente a medida que aumenta el número de hechos relativos al producto que se ha incluido en el mismo.

En mi primer anuncio para la operación Bootstrap de Puerto Rico, utilicé 961 palabras y persuadí a Beardsley Ruml para que las firmase. Catorce mil lectores cortaron el cupón del anuncio, y muchos de ellos establecieron más tarde fábricas en Puerto Rico. La mayor satisfacción profesional que he podido experimentar en mi vida ha sido la de observar la prosperidad de las comunidades portorriqueñas que habían vivido en la indigencia durante cuatrocientos años. Si me hubiese limitado a unas cuantas generalidades y vaciedades nada de esto habría sucedido.

Hemos sido capaces de lograr que el público leyese largos textos sobre la gasolina. Uno de nuestros anuncios para Shell constaba de 617 palabras, y el 22 % de lectores masculinos leyeron más de la mitad de ellas.

Vic Schwab explica la anécdota sobre Max Hart (de Hart, Schaffner & Marx) y de su jefe de publicidad, George L. Dyer, discutiendo acerca de un largo texto. Dyer le dijo:

> Apuesto diez dólares a que usted leerá toda una página de apretado texto escrito por mí.

Hart se rio de la idea y Dyer le explicó:

> No necesito escribir ni una sola línea para demostrar mi punto de vista. Le diré tan solo cuál sería la cabecera: «ESTA PÁGINA SE REFIERE EXCLUSIVAMENTE A MAX HART».

Los anunciantes que incluyen cupones en sus anuncios saben que los textos breves no venden. En los tests comparativos, los textos largos proporcionan más ventas que los cortos.

3. Hay que hacer figurar siempre en el texto los oportunos testimonios. Al lector le será más fácil creer lo que viene avalado por un colega consumidor que las alabanzas prodigadas por un redactor anónimo. Dice Jim Young, uno de los mejores redactores que he conocido:

«La publicidad basada en hechos es maravillosa. Cuanto más se dice, más vende. Nótese la larguísima cabecera, el subtítulo y las 719 palabras del texto, todo él basado en hechos.»

«Este es el anuncio más efectivo que escribí en mi vida. Beardsley Ruml lo aprobó sin cambiarle ni una sola palabra. El anuncio obtuvo el premio de lograr que muchísimas industrias se avecindasen en Puerto Rico, iniciándose en esa zona una nueva vida».

> Cada tipo de anunciante tiene el mismo problema: ser creído. El anunciante de ventas por correspondencia sabe que no hay nada tan potente como el testimonio, aunque el anunciante corriente apenas lo utilice.

Los testimonios de celebridades obtienen un alto y remarcable grado de lectura, y, si están redactados honradamente, parece incluso que no mueven a incredulidad. Cuanto más conocida es la persona que testimonia, más serán los lectores atraídos. Hemos hecho aparecer a Winston Churchill en los anuncios de «VENGAN A GRAN BRETAÑA» y fuimos capaces de persuadir a la señora Roosevelt para que hiciese *spots* de televisión para la margarina Good Luck.

Hay casos en que se puede presentar todo el texto bajo la forma de un testimonio. Mi primer anuncio para los coches Austin tomó la forma de una supuesta carta de un «diplomático anónimo» que enviaba su hijo a Groton con el dinero ahorrado conduciendo un Austin —una bien orientada combinación de economía y snobismo—. Lástima que el perspicaz editor de *Time* adivinó que yo era el anónimo diplomático y pidió su opinión al rector de Groton. Este se mostró tan enojado que decidí enviar mi hijo a otro colegio.

> 4. Otro ventajoso truco consiste en facilitar al lector consejos útiles o servicios. Consigue un 75 % más de lectores que el texto que trata enteramente del producto.

Uno de nuestros anuncios de Rinso explicó a las amas de casa la mejor forma de quitar las manchas. Fue más leído (Starch) y mejor recordado (Gallup) que cualquier anuncio de detergentes publicado hasta entonces. Sin embargo, y desgraciadamente, se olvidó de destacar la principal promesa de ventas de Rinso: la de que Rinso lava más blanco. Por esta sola razón no debería haberse publicado nunca.[19]

5. Nunca he sentido admiración por la escuela publicitaria de las *belles lettres* que llegó a su más pomposa cúspide con el famoso anuncio de Theodore F. Mac-Manus para Cadillac «La pena del liderazgo» y el clásico «En algún lugar al oeste de Laramie», de Ned Jordan. Cuarenta años atrás, la comunidad empresarial le impresionaban estos fragmentos de prosa púrpura, pero siempre los encontré absurdos; no daban al lector ni un simple *hecho*. Comparto la opinión de Claude Hopkins, sobre que:

> La escritura fina es una clara desventaja. Es, únicamente, estilo literario. Desvían la atención del tema.

6. Hay que evitar la grandilocuencia. El famoso slogan de Raymond Rubicam para Squibb: «El ingrediente inestimable de cualquier producto es el honor y la integridad de su fabricante», me recuerda un consejo de mi padre:

> Cuando una empresa presume de su integridad o una mujer de su virtud, evita la primera y cultiva la segunda.

7. A menos que exista una razón especial para ser solemnes y pretenciosos, redacta tu texto en el lenguaje coloquial que empleen tus clientes en la conversación del día a día. Nunca he adquirido el buen oído sufi-

---

19. La fotografía mostraba diferentes clases de manchas de lápiz de labios, de café, de betún, de sangre, etc. La sangre era la de Ogilvy. quizás haya sido el único publicitario que haya *sangrado* alguna vez por su cliente.

«Persuadí en cierta ocasión a Mrs. Roosevelt de que apareciese en los spots comerciales de televisión para la margarina "Good Luck". Hela aquí, diciendo: "La nueva margarina 'Good Luck' tiene un sabor delicioso que a mí me gusta mucho…"».

ciente para el lenguaje vernáculo americano como para escribirlo, pero admiro a los redactores que lo consiguen, como en esta perla inédita de un granjero del país:

Carnation Milk es la mejor del mundo,
aquí me siento con una lata en la mano.
Sin carro que jalar, sin tierra que trabajar,
solo haciendo un agujero... en ese infeliz.

Es un error emplear un lenguaje rebuscado cuando se hacen anuncios para las masas. Empleé una vez la palabra OBSOLETA en una cabecera, tan solo para descubrir que el 43 % de las amas de casa no tenían ni idea de su significado. En otro titular, escribí la palabra INEFABLE, solamente para llegar a la conclusión de que ni yo mismo sabía qué quería decir.

Sin embargo, hay muchos redactores que se equivocan al subestimar el nivel cultural del público. Philip Hauser, jefe del Departamento de Sociología de la Universidad de Chicago, llama la atención sobre los cambios que se están produciendo:

De la mayor formación universitaria de nuestra población puede esperarse que se realicen cambios importantes en el estilo de la publicidad. Los mensajes dirigidos al americano medio, basados en el supuesto de que ha adquirido un grado inferior de educación escolar, se van a encontrar con una clientela a la baja o prácticamente desaparecida.[20]

Mientras tanto, todos los redactores deberían leer *El arte de la conversación corriente* del doctor Rudolph Flesch.

20. *Scientific American*, octubre, 1962.

Les persuadirá para que empleen palabras cortas, frases breves, párrafos pequeños y un estilo altamente *personal*.

Aldous Huxley, que intentó una vez que su mano redactase anuncios, llegó a la conclusión de que:

> Cualquier rastro de literatura en un anuncio es fatal para su éxito. Los publicistas no pueden ser líricos, oscuros ni esotéricos. Deben ser universalmente inteligibles. Un buen anuncio tiene esto en común con el drama y la oratoria: debe ser inmediatamente comprendido y directamente conmovedor.[21]

8. Hay que resistir la tentación de escribir el tipo de texto que gana premios publicitarios. Quedo siempre agradecido cuando gano un premio, pero la mayor parte de las campañas que producen *resultados* nunca obtienen premios, porque no atraen hacia ellas la atención de los artistas.

Los jurados que otorgan premios nunca disponen de suficiente información acerca de los *resultados* de los anuncios que deben juzgar. En ausencia de tal información, confían en sus opiniones, que hacen siempre fruncir el entrecejo.

9. Los buenos redactores han resistido siempre la tentación de *entretener*. Su éxito reside en la cantidad de nuevos productos que consiguen lanzar a un ritmo vertiginoso. Capítulo aparte merece Claude Hopkins,

---

21. *Ensayos viejos y nuevos*, Harper & Brothers, 1927. Charles Lamb y Byron también escribieron anuncios. Lo mismo hicieron Bernard Shaw, Hemingway, Marquand, Sherwood Anderson y Faulkner,; ninguno de ellos con el más mínimo éxito.

que es a la publicidad lo que Escoffier a la cocina. De acuerdo con los actuales niveles, Hopkins fue un bárbaro sin escrúpulos, pero técnicamente era considerado el maestro supremo. A continuación situaría a Raymond Rubicam, George Cecil y James Webb Young, todos los cuales carecían de la implacable capacidad de venta de Hopkins, pero lo compensaban con su honestidad, con la amplia gama de su trabajo y con su habilidad para redactar textos civilizados cuando lo requería la ocasión. En quinto lugar situaría a John Caples, el especialista de ventas por correspondencia, del cual he aprendido tanto.

Estos gigantes escribieron sus anuncios para periódicos y revistas. Aún es demasiado pronto para identificar a los mejores guionistas de televisión.

7

CÓMO ILUSTRAR ANUNCIOS Y CARTELES

ANUNCIOS

La mayoría de redactores piensan tan solo en el texto, dedicando muy poca atención a planear la ilustración. Sin embargo, la ilustración ocupa, con frecuencia, mayor espacio que el texto y debe trabajar con la misma efectividad a la hora de vender el producto. Debe transmitir la misma promesa que se haga en la cabecera.

En Doyle, Dane & Bernbach tienen un genio sin igual para la ilustración de anuncios; las fotografías que utilizaron para Volkswagen son únicas en su género.

El *sujeto* de la ilustración es más importante que la *técnica*. Como en todos los aspectos de la publicidad, el fondo es más importante que la forma. Si se tiene una idea especial para una fotografía, no es necesario ser un genio para accionar el disparador. Si no se tiene, ni el propio Irving Penn podría salvarles.

El doctor Gallup ha descubierto que la clase de fotografías que obtienen premios en los clubes fotográficos —sensibles, sutiles y bellamente compuestas— no son aptas en la publicidad. Lo que funciona son las fotografías que despiertan la curiosidad del lector. Gallup mira la fotografía y se pregunta: «¿Qué es lo que sucede aquí?». Entonces lee el texto para averiguarlo. Esta es la trampa que hay que tenderle.

Harold Rudolph denominó a este mágico elemento *story appeal* y demostró que cuanto más *story appeal* se inyecte en las fotografías, más personas mirarán los anuncios. Este descubrimiento ha ejercido un profundo efecto en las campañas producidas por mi agencia.

Cuando se nos otorgó el honor de presidir el debut de Hathaway como anunciante nacional, estaba decidido a proporcionarles una campaña mucho mejor que la ya histórica de Young & Rubicam para las camisas Arrow. Pero Hathaway solo podía gastar 30.000 dólares contra los 2 millones de dólares de Arrow. Hacía falta un milagro.

Conociendo por Rudolph que una fuerte dosis de *story appeal* haría a los lectores detenerse y tomar nota, ideé dieciocho maneras diferentes de inyectar este mágico ingrediente. La última fue la del parche en el ojo. Al principio la rechazamos, pero, camino del estudio, entré en una farmacia y compré un parche ocular por un dólar y medio. Nunca sabré exactamente por qué tuve tanto éxito. Puso a Hathaway en el mapa después de 116 años de relativa oscuridad. Raras veces, si cabe, ha sido creada con tanta rapidez una marca nacional, y a tan bajo coste. Aparecieron artículos al respecto en periódicos y revistas de todo el mundo. Algunos fabricantes se apropiaron de la idea para su propia publicidad (he visto cinco plagios solo en Dinamarca). Lo que fue una simple idea aquel húmedo martes me hizo famoso. Me hubiera gustado alcanzar la fama con una realización de mayor categoría.

A medida que progresaba la campaña, exhibía el modelo en una serie de situaciones en las cuales me habría gustado encontrarme: Dirigiendo la Filarmónica de Nueva York en el Carnegie Hall, tocando el oboe; copiando a Goya en el

Museo Metropolitano; conduciendo un tractor; hacer esgrima, tener una velero, comprar un Renoir, etc. Después de ocho años de campaña, mi amigo Ellerton Jetté vendió la compañía Hathaway a un financiero de Boston, quien volvió a venderla, seis meses después, con un beneficio de varios millones de dólares. Mi beneficio total con la cuenta, había sido de 6.000 dólares. Si fuese un financiero, y no un publicitario, qué rico sería y qué aburrido.

Otro ejemplo de *story appeal* fue una fotografía que Elliott Erwitt tomó para nuestra campaña de turismo de Puerto Rico. En vez de fotografiar a Pau Casals tocando el violoncelo, Erwitt presentó una habitación vacía, con el violoncelo del gran artista apoyado en una silla. *¿Por qué estaba vacía la habitación? ¿Dónde estaba Casals?* Esas eran las preguntas que se plantearía el lector y buscaría la respuesta en el texto. Después de leerlo, reservaba sus entradas para el Festival Casals en San Juan. Durante los primeros seis años de esta campaña, los desembolsos turísticos en Puerto Rico pasaron de 19 a 53 millones de dólares anuales.

Si se toman la molestia de obtener grandes fotografías para sus anuncios, no solo venderán más, sino que notarán pronto el calor de la estimación pública. Me sentí extraordinariamente confortado cuando el Profesor J. K. Galbraith, el terrible crítico publicitario, me escribió, diciendo:

> Durante años me he interesado por la evolución de la fotografía publicitaria, y durante mucho tiempo he elegido la suya como ejemplos realmente magníficos, tanto en su selección como en su reproducción.

Una y otra vez, la investigación ha demostrado que las *fotografías* consiguen más ventas que los *dibujos*. Atraen mayor número de lectores. Provocan más apetito. Son mejores recordadas. Y hacen vender más productos. Las fotografías representan la realidad, mientras que los dibujos representan la fantasía, en la cual cada vez se cree menos.

Cuando nos hicimos cargo de la publicidad de «Vengan a Gran Bretaña», sustituimos por fotografías los dibujos que había venido utilizando la agencia anterior. El número de lectores se triplicó y, en los diez años siguientes, y también se triplicó el gasto de los turistas de Estados Unidos en Gran Bretaña.

Me duele tener que decirles que no empleen dibujos, porque desearía de todo corazón ayudar a los artistas a obtener pedidos para la ilustración de anuncios. Pero tales anuncios no ocasionarían ventas, los clientes sufrirían las consecuencias y no existirían, luego, mecenas que apoyasen a los artistas. Si emplean fotografías, sus clientes prosperarán lo suficiente para poder adquirir cuadros y cederlos, después, a los museos.

Algunos fabricantes ilustran sus anuncios con pinturas abstractas. Solo lo haría si tuviese que ocultar al lector lo que estoy anunciando. Es imperativo que la ilustración *telegrafié* al lector qué es lo que se le ofrece. El arte abstracto no telegrafía su mensaje con la suficiente rapidez como para poderlo emplear en publicidad.

El único anunciante que tuvo éxito con ilustraciones no figurativas fue Walter Paepcke. La excentricidad de su campaña para la Container Corporation parece haber conseguido diferenciar a esa empresa de sus competidoras; pero se necesita más de una golondrina para hacer verano. Lector, cuidado con la excentricidad cuando haga anuncios para gente que no sea excéntrica.

Las fotografías de «antes y después» parecen fascinar a los lectores y puntualizar mejor los hechos que las palabras. Son una invitación al lector para que explique la diferencia entre dos fotografías similares, como en «¿Cuál de las dos gemelas usa Toni?».

Cuando se dude sobre cuál de dos ilustraciones debe emplearse, hay que probar su poder de atracción publicándolas por separado en un periódico. Empleamos esta técnica para resolver una disputa sobre si los anuncios para KLM deberían ilustrarse con fotografías de los aviones o de los puntos de destino. Las segundas consiguieron dos veces más cupones que la primera. Por eso todos los anuncios de KLM aparecen ahora ilustrados con fotografías de destino.

Cuando trabajé para el doctor Gallup, pude demostrar que las personas que van al cine se interesan más por los actores de su propio sexo que por los del opuesto. Existen, ciertamente, unas pocas excepciones a esta regla: las «chicas sexy» tienen gran aceptación entre los hombres que van al cine, y los jovencitos poco varoniles no atraen a los hombres. Porque, en general, el público presta más interés por las estrellas del cine con las que puede identificarse él mismo. De la misma manera, el reparto de nuestros sueños contiene más personajes de nuestro propio sexo que del opuesto. El doctor Calvin Hall señala que:

La relación de personajes varones y personajes femeninos en los sueños masculinos es de 1,7 a 1. Esto puede considerarse como un fenómeno universal.[22]

He observado las mismas fuerzas en las reacciones de los consumidores ante los anuncios. Cuando se utilice una fo-

---

22. El análisis de 3.874 sueños realizado por el doctor Hall le hizo llegar a otras notables conclusiones, incluidas las siguientes: «El grifo fue inventado por un hombre que deseaba tener mayores atributos viriles. La moneda fue inventada por alguien que quería acumular mayor número de excrementos. Los cohetes a la Luna fueron inventados por un grupo de animales insatisfechos con complejo de Edipo. Las casas fueron inventadas por los buscadores de cavernas, y el whisky por succionadores».

tografía de mujer, los hombres ignorarán el anuncio. Cuando se emplea una fotografía masculina, se excluye a las mujeres del público lector.

Si se desea atraer la atención de las lectoras, el mejor truco consiste en utilizar la fotografía de un *bebé*. La investigación ha demostrado que estas fotografías atraen dos veces más mujeres que las de las *familias*. Cuando ustedes eran pequeños eran el blanco de todas las miradas, pero a medida que empezaron a convertirse en miembros de la familia, dejaron de provocar una atracción especial; ¿no fue así?

Sin embargo, aquí experimentamos una curiosa dificultad. La mayor parte de anunciantes se opone a que figuren en sus anuncios ilustraciones con bebés, porque los pequeñines ocupan poco espacio, y ellos necesitan, por lo visto, que mostremos a toda la familia reunida.

Una de las tareas más agradables en publicidad es la selección de las bellas modelos que aparecen en los anuncios y en los spots de televisión. Tenía por costumbre cuidar yo mismo de este cometido, pero renuncié a esta prerrogativa después de comparar mi gusto personal respecto a mujeres con el de las consumidoras femeninas. A los hombres no les gustan los mismos tipos de mujeres que a las mujeres.

Los anuncios son, en conjunto, dos veces más recordados cuando su ilustración es en *color*.

Hay que evitar los temas históricos. Pueden ser útiles para anunciar whisky, pero nada más.

No hay que mostrar primeros planos ampliados del rostro humano. Parece que no gustan a los lectores.

Hay que cuidar que las ilustraciones sean lo más *sencillas* posible, con el foco de interés concentrado en una persona. Las escenas confusas no atraen.

Evitar las situaciones estereotipadas como, por ejemplo, sonrientes amas de casa señalando presuntuosamente las neveras abiertas de par en par.

Cuando estén en un aprieto, les puede ser muy útil este consejo:

Cuando el cliente se queje, con o sin razón,
su nombre escribe en doble dimensión.
Si, a pesar de ello aún porfía,
pon de su fábrica la fotografía.
Solo en los casos de gravedad patente,
debes enseñar el rostro del cliente.

«Hacer que el logotipo sea el doble de grande» es una buena idea, porque la mayoría de los anuncios carecen de identificación de marca.

«Mostrar los rostros de los clientes» también es una estrategia mejor de lo que parece, porque el público se interesa más por las personalidades que por las empresas. Algunos de mis clientes, como Helena Rubinstein y el comandante Whitehead de Schweppes, pueden proyectarse como símbolos humanos de sus propios productos.

Pero nunca es prudente «mostrar una fotografía de una fábrica», a no ser que esté en venta.

La mayoría de escuelas de arte que preparan a los estudiantes más ingenuos para la profesión de la publicidad se declaran todavía partidarias de la mística de la Bauhaus. Sostienen que el éxito de un anuncio depende de factores como «equilibrio», «movimiento» y «diseño». Pero ¿acaso pueden *probarlo*?

Mis investigaciones han dado siempre como resultado que estas formas intangibles de estética no incrementan en absoluto las ventas, y no puedo ocultar mi hostilidad hacia la vieja escuela de directores artísticos que se toman en serio tales tonterías. Imagínense mi horror cuando su colegio cardenalicio, el augusto Club de Directores de Arte, concedió premios especiales a Henry Luce, Frank Stanton, Henry

Ford y a mí, por «estimular a los directores artísticos creando un magnífico clima de trabajo». ¿Ignoraban quizá la
batalla constante que vengo sosteniendo con los directores
artísticos, que constituyen la enfermedad que reduce a la
impotencia las campañas publicitarias?

No acostumbro a permitir que los equipos de mi agencia
participen en las competiciones organizadas por las socie-
dades de directores artísticos, por temor a que alguno de
ellos tenga la desgracia de conseguir un premio. Sus dioses
no son mis dioses. Tengo mi propio dogma, que surge de la
observación del comportamiento de los seres humanos, según señalaron el doctor Gallup, el doctor Starch y los expertos de la venta por correspondencia.

Diseña siempre tu maqueta para la publicación del anuncio pensando en el medio en que aparecerá y nunca lo
apruebes hasta que se haya comprobado cómo queda después de montar una prueba sobre el propio diario o publicación. La práctica casi universal de valorar *in vacuo* los
anuncios, montados sobre cartulina y cubiertos con plástico,
es peligrosamente engañosa. Una maqueta o *layout* debe
estar relacionado con el clima gráfico del periódico o revista en el que va a insertarse.

Un cliente joven y poco experimentado me dijo:

Supe cuál de tus anuncios era el mejor en cuanto los vi
pegados en nuestro tablero de anuncios.

Ese no es, precisamente, el entorno en que los lectores ven
los anuncios.

No hay necesidad de que los anuncios *parezcan* anuncios.
Si se les hace aparecer como páginas editoriales, atraerá a
un 50% más de lectores. Podría creerse que el público se
molestará por esta estrategia, pero hasta ahora no existe
ninguna evidencia de que así sea.

Nuestros anuncios de Zippo están diseñados con la misma sencillez que utilizan los editores de *Life*. Sin artilugios Sin desorden. Nada de emplear tipografías artísticas con fines decorativos. Nada de letras a mano. Nada de marcas comerciales. Nada de símbolos.

(Angiguamente, las marcas y los símbolos se valoraban porque permitían la identificación de una marca por los analfabetos. Pero el analfabetismo ha desaparecido de los Estados Unidos, y ahora puede confiarse en los nombres impresos con fines de identificación.)

Los editores de revistas han descubierto que el público lee los pies de foto mejor que el texto de los artículos. Por lo tanto, lo mismo puede aplicarse a los anuncios. Cuando analizamos los datos de Starch sobre los anuncios publicados en *Life*, encontramos que, en conjunto, los pies de foto son leídos por doble número de personas que las que leen los textos. Hay que añadir, además, que nunca debe emplearse una fotografía sin poner debajo un pie explicativo, y que cada uno de estos pies debe ser un anuncio en miniatura, incluyendo el nombre de la marca y la promesa del producto.

Si el conjunto del texto se mantiene en los límites de unas 170 palabras, puede insertarse en forma de subtítulo de la fotografía, como hicimos nosotros con nuestros anuncios del té Tetley para las revistas.

Si se precisa un texto más largo, existen varias maneras conocidas para aumentar su lectura:

1. Un subtítulo de dos o tres líneas, entre la cabecera y el cuerpo del texto, aumentará el apetito del lector para el festín de lectura que le espera.

2. Si empieza el texto con una letra capitular, se aumentará la lectura en un promedio del 13 %.

3. Hay que mantener el párrafo inicial con un máximo de once palabras. Un primer párrafo largo asusta a los lectores. Todos los párrafos deben ser lo más cortos posible; los párrafos largos fatigan.

4. Después de unas dos o tres pulgadas de texto (cinco o seis centímetros), hay que empezar a subrayar algunos epígrafes y, a continuación, conviene repartir adecuadamente los subrayados, pues estos hacen que el lector siga adelante. Conviene que algunos epígrafes sean interrogativos para excitar la curiosidad hacia la parte siguiente del texto. Una secuencia ingeniosa de subrayados, dispuestos llamativamente, puede ofrecer toda la historia a las personas demasiado perezosas para leer todo el texto, pero a las que les gusta echar una ojeada al mismo.

5. Hay que distribuir el texto en columnas de una amplitud no mayor de cuarenta letras. La mayoría de personas adquieren sus hábitos de lectura en los periódicos, que emplean columnas de unas veintiséis letras. Cuanto más amplias sean las columnas, menor será el número de lectores.

6. Las tipografías en cuerpo menor a 8 son difíciles de leer. Este libro ha sido compuesto en cuerpo 12,5.

7. La tipografía serifa es más fácil de leer. La brigada del Bauhaus no está al corriente de esta gran verdad.

8. Cuando yo era niño, estaba de moda que los redactores encuadrasen cada párrafo. Desde entonces se ha descubierto que los «viudas» aumentan la lectura, ex-

cepto al principio de la columna, donde es más fácil que el lector se desvíe.

9. Hay que romper la monotonía del texto largo, destacando los párrafos clave en **negrita** o en *cursiva*.

10. De vez en cuando deben insertarse ilustraciones.

11. Hay que ayudar al lector a entrar en los párrafos con flechas, viñetas, asteriscos y señales marginales.

12. Si hay que relatar una serie de hechos inconexos, no debe tratarse de enlazarlos de manera arbitraria, sino que pueden simplemente numerarse, tal como hago yo aquí.

13. No hay que componer el texto en negativo (letra blanco sobre fondo negro), ni tampoco sobre fondo gris o de color. La vieja escuela de directores artísticos creía que estas combinaciones *forzaban* al público a la lectura del texto; ahora sabemos muy bien que hacían físicamente imposible la lectura.

14. Si se emplea interlineado entre párrafos, se aumenta la lectura en una proporción del 12 %.

Cuantos más cambios tipográficos se efectúen en los titulares, menos serán las personas que los lean. En nuestra agencia ponemos los titulares en línea recta y en la mismo tipografía y tamaño.

Hay que disponer todo el epígrafe y, en realidad, todo el anuncio, en letras minúsculas.

LAS LETRAS MAYÚSCULAS SON MUCHO MÁS PESADAS DE LEER, PROBABLEMENTE A CAUSA DE QUE APRENDEMOS A LEER EN LETRAS MINÚSCULAS.

La gente lee en letras minúsculas todos sus libros, periódicos y revistas.

No deben afearse las ilustraciones colocando los titulares sobre ellas. A los directores de arte, pasados de moda, les encanta hacer esto, pero el hecho es que tal sistema reduce el valor de atención del anuncio en un 19 %. Los editores de periódicos nunca lo hacen. Hay que imitarlos; por lo general, ellos son quienes forman los hábitos de lectura de los clientes.

Cuando el anuncio debe contener un cupón y se deseen las máximas respuestas, conviene colocarlo en la parte superior, justo el centro. Esta posición atrae un 80 % más de cupones que la tradicional colocación en la parte exterior-inferior de la página.

(Ni uno de cada cien publicistas lo sabe.)

H. L. Mencken dijo, en una ocasión, que todos podíamos quedarnos cortos al subestimar el gusto del público americano. Esto no es verdad. He llegado a la conclusión de que lo mejor es lograr que todas las composiciones proyecten una sensación de buen gusto con tal de que no se haga de forma que no importune. Un mal diseño sugiere un mal producto. Existen muy pocos productos que no se beneficien en el curso de su vida de que les coloquemos una etiqueta de primera clase. En una sociedad tan dinámica como la nuestra, a nadie le gusta ser visto consumiendo productos que sus amistades consideren de segunda clase.

CARTELES

No hace mucho tiempo, recibí un rendido tributo a uno de mis carteles. Fue una carta del pastor de la Iglesia etíope-baptista en California, que decía:

> Querido Mr. Ogilvy:
>
> Soy el dirigente de un pequeño grupo religioso que viene esparciendo la palabra del Señor por las carreteras de California. Empleamos muchos carteles de propaganda y nos enfrentamos con cuantiosos problemas ocasionados por los costes artísticos. Vi su cartel para Schweppes, el *del hombre barbudo con los brazos extendidos*. Me gustaría saber si puede usted proporcionarme una copia de dicha fotografía. Imprimiríamos debajo: JESÚS TE SALVARÁ y la fijaríamos en las carreteras de California, esparciendo así la palabra del Señor.

Si la cara de mi cliente hubiese podido llegar a identificarse con la del Hijo de Dios, nunca tendríamos que haber gastado un solo centavo de publicidad y toda la Iglesia etíope-baptista se habría convertido a Schweppes. Mi imaginación vaciló. Tan solo el temor a perder mi comisión me persuadió para decir al pastor que el comandante Whitehead no era digno de tan santo papel.

Nunca me han gustado los carteles. El automovilista de paso no tiene tiempo para leer más de seis palabras en un cartel y mis primeras experiencias como vendedor a domicilio me convencieron de que es imposible vender nada con solo seis palabras. Yo empleo *centenares* de palabras. Los carteles son para los creadores de eslóganes.

En mi fuero interno, siento verdadera pasión por el paisaje, y nunca he visto que fuese mejorado por ningún cartel. Allí donde cada perspectiva es un deleite, el hombre se muestra en su más vil condición cuando instala un panel publicitario.

Cuando me retire de Madison Avenue, voy a poner en marcha una sociedad secreta de vigilantes camuflados que viajarán por el mundo en motocicletas silenciosas destrozando carteles a la luz de la luna. ¿Cuántos jurados nos hallarán culpables cuando se nos agarre in fraganti en estos actos de benéfica ciudadanía?

Las personas que monopolizan los paneles publicitarios son una camarilla de gente sin escrúpulos. Han empleado sus más sucias artimañas para torpedear la legislación que prohíbe la fijación de carteles en las nuevas carreteras americanas. Alegan que la industria del cartel da empleo a miles de trabajadores. Lo mismo podrían alegar los prostíbulos.

Sin embargo, los carteles todavía figuran entre nosotros y tarde o temprano uno puede ser llamado a crear uno. Así van las cosas.

Hay que tratar de hacer del cartel un *tour de force*, lo que Savignac llama un «escándalo visual». Si uno se extralimita en el escándalo, puede hacer parar el tráfico y ocasionar fatales accidentes.

En Europa ha estado largo tiempo de moda criticar los carteles americanos por ser de tan bajo nivel. Nadie osaría pretender que puedan compararse estéticamente con los de Cassandre, Savignac y McKnight Kauffer. Pero ¡ay! existen razones para creer que el anticuado estilo americano tiene como razón de existencia la rapidez de la vida y se recuerda mejor que los más distinguidos modelos de los maestros modernos europeos.

Durante la Segunda Guerra Mundial, el Gobierno canadiense encargó a mi antiguo jefe, el doctor George Gallup, que analizase la eficiencia relativa de diversos carteles de reclutamiento. El doctor Gallup pudo apreciar que los carteles que mejor respondían ante la mayor parte del público eran los que utilizaban un estilo realista, o bien tenían fotografías. Los dibujos simbólicos o abstractos no comunicaban su mensaje con la suficiente rapidez.

Un cartel debe transmitir la promesa de venta del producto no únicamente con palabras sino también gráficamente. Solo un reducido grupo de personas tiene el genio suficiente para realizar este cometido y, desde luego, yo no figuro entre ellas.

Si el cartel está concebido para llamar la atención de los automovilistas de paso —ustedes, amigos, ustedes—, debe cumplir su función en *cinco* segundos escasos. La investigación ha demostrado que su poder de captación será más rápido si se utilizan colores fuertes y puros; no conviene pintar con una paleta confusa. No hay que emplear nunca más de tres elementos en el dibujo, y hay que proyectar su silueta contra un fondo blanco.

Sobre todo, hay que emplear el tipo de letra más grande posible (tipografía **sans-serif**) haciendo visible el nombre de la marca a simple vista. Raramente se hace así.

Si se siguen estas sencillas directrices, pueden producirse carteles que cumplan su misión. Pero debo advertirles que no contarán con la estimación de los conocedores del arte contemporáneo, puede que te ridiculicen.

8

ESPACIOS COMERCIALES DE TELEVISIÓN

S tanhope Shelton, de Mather & Crowther, dice:

> Los pocos segundos de un anuncio de televisión pueden
> acomodarse en una caja de píldoras de dos pulgadas y
> media de diámetro. Esta diminuta caja de píldoras re-
> presenta varias semanas de esfuerzo concentrado por
> parte de treinta personas. Y puede causar la diferencia
> entre beneficio y pérdida.

He observado que resulta más fácil doblar la potencia de
venta de un anuncio que duplicar la audiencia de un programa. Esto puede parecer nuevo a ojos de quienes en Ho-
llywood producen programas y miran por debajo de sus
narices a los raros redactores que escribimos los espacios
comerciales.

El propósito de un espacio comercial no consiste en el
entretenimiento del televidente, sino en provocar *ventas*.
Horace Schwerin señala que no existe correlación entre los
espacios comerciales que gustan al público y los que oca-
sionan y deciden *ventas*.

Pero esto no quiere decir que los espacios comerciales
se presenten deliberadamente de mala manera. Por el contrario, existen razones para creer que es más rentable pre-

sentarlos en forma humana y amistosa si se tiene el acierto de que no resulten empalagosos.

En los primeros tiempos de la televisión, cometí el error de confiar en la *palabra hablada* para realizar ventas. Me había acostumbrado a la radio, donde la imagen no existe. Ahora sé que en televisión es primordial que la *imagen* narre la historia. Lo que se *proyecta* es mucho más importante que lo que se *dice*. La palabra y la imagen deben ir juntas, reforzándose la una a la otra. La única función de la palabra consiste en explicar lo que la imagen ilustra.

El doctor Gallup señala que, si se dice algo que al propio tiempo no se ilustre, pronto cae en el olvido del televidente. A lo que debo añadir que, si no se exhibe algo, no hay motivo para hablar de ello. Trata de ver tu *spot* eliminando el sonido. Si no cumple su objetivo de vender sin sonido es que resulta inoperante.

La mayor parte de anuncios comerciales aturden al televidente descargando sobre él una verborrea constante, un torrente de palabras. Te aconsejo que te limites a noventa palabras por minuto.

Es verdad que se pueden alcanzar más puntos de venta con un *spot* de televisión que con un anuncio impreso, pero los programas más efectivos están construidos solo sobre uno o dos puntos vendedores, sencillamente expuestos. Un amasijo de argumentos deja impasible al televidente. Por ello los espacios comerciales no deben crearse nunca en comité. El compromiso no tiene lugar en publicidad. Sea lo que fuere y lo que se haga, *hay que seguir hasta el fin.*

Cuando se anuncia en revistas y periódicos, hay que empezar por atraer la atención del lector. Pero, en televisión, la audiencia ya está atenta; el problema consiste en no atemorizarlo. Es fatal avisar a las señoras de que van a oír «unas amistosas palabras del patrocinador». Su vesícula biliar reaccionará al estímulo como el perro de Pavlov reaccionaba al sonido de una campanilla: abandonará la habitación.

El propósito de la mayoría de espacios comerciales consiste en ofrecer la promesa de venta, de forma que el televidente la recuerde la próxima vez que vaya de compras. Te aconsejo, por consiguiente, que repitas tu promesa, por lo menos, dos veces en cada anuncio, ilustrándola gráficamente y señalando el producto con un distintivo «título» o anteponiéndole la palabra «súper».

El consumidor americano medio, está sujeto, el pobre, a unos 10.000 mensajes comerciales al año. Asegúrate de que conozca el nombre del producto que se anuncia en su espacio comercial. Repítelo, *ad nauseam*, a lo largo del programa.[23]

Muéstralo, por lo menos, en sobreimpresión. Y exhibe el envase a través del cual se desea que los compradores lo reconozcan en la tienda.

Hay que hacer del producto el héroe del programa, como sucede con nuestro famoso anuncio para el café de la casa Maxwell —tan solo una cafetera y una taza de café— «bueno hasta la última gota». (Este eslogan no lo inventé yo, fue Theodore Roosevelt).[24]

En la publicidad televisada se dispone exactamente de 58 segundos para realizar la venta, y el cliente paga 500 dólares por segundo. No hay que ofrecer introducciones impertinentes. Debe iniciarse la venta desde el principio y no cesar de vender hasta el fin.

Para los productos que se presten a la venta mediante demostración —por ejemplo, ingredientes culinarios, ma-

---

23. Una de mis hermanas ha sugerido que el nombre de nuestra agencia debería cambiarse por el de «Ad Nauseam, Inc.».

24. En España fue «adoptado» por un famoso té, que no tenía nada que ver con Maxwell ni con Theodore Roosevelt... *(N. del. E.)*

quillaje, tratamiento de los senos—, la televisión es el medio más gigantesco de publicidad jamás inventado. El éxito de su empleo depende, más que nada, de la forma en que se proyecten demostraciones *verosímiles*. La publicidad, que se ha granjeado algunas sanciones de la Comisión Federal de Comercio, ha hecho del público americano el más suspicaz en cuanto a supercherías.

El doctor Gallup es una conveniente fuente de información respecto a la forma en que reacciona el público ante las diferentes clases de anuncios comerciales. Nos dice que los espacios que empiezan planteando un problema y después presentan el producto adecuado para la resolución del mismo (ofreciendo esta resolución mediante demostraciones) venden cuatro veces más que los programas que se limitan a hablar a favor del producto.

El doctor Gallup señala también que los anuncios con una imagen fuerte de *noticia* son particularmente efectivos. Por lo tanto, hay que exprimir hasta la última gota la novedad en los *spots* comerciales.

Pero hay momentos en que se *carece* de novedades. El producto puede haberse mantenido en el mercado durante generaciones y es posible que no se hayan producido cambios significativos en su fórmula. Algunos productos no pueden presentarse como la solución de ningún problema. Otros no se prestan a demostraciones. ¿Qué hacer cuando se nos niegan estos trucos positivos? ¿Debe uno abandonar? No, no se puede hacer. Existe otro truco a nuestra disposición que puede mover montañas: la *emoción* y el *humor*. Es difícil de emplear sin exponerse al escarnio del televidente, pero que ha sido utilizado con notorio éxito en Europa, particularmente por Mather & Crowther, en su publicidad para los cigarrillos Player.

El consumidor medio ve 900 anuncios al mes y la mayoría de ellos se deslizan por su memoria igual que el agua por el dorso del cisne. Por eso hay que dar a los *spots* un toque de singularidad, una aureola que los fije en la mente del televidente. Pero hay que saber cómo lograrlo, pues el espectador puede recordar la aureola y olvidarse de la promesa de venta.

Una mañana, a las dos de la madrugada, me desperté de un sueño agitado con una idea en la cabeza y la escribí: abrir los anuncios de Pepperidge Farm haciendo que Titus Moody condujera un carro de panadero con una yunta de caballos por un camino rural. Funcionó.

No conviene cantar el mensaje de venta. La venta es una operación muy seria. ¿Cómo reaccionarías si entras en una tienda de Sears a comprar una sartén y el vendedor empezara a cantarte *jingles*?

La franqueza me obliga a admitir que no dispongo de investigación exhaustiva para apoyar mi punto de vista de que las canciones son menos persuasivas que la palabra hablada. Está basado en la dificultad que siempre experimento para apreciar las palabras en las canciones y en mi propia experiencia como vendedor a domicilio. Nunca me dirigí cantando a mis presuntos clientes. Los anunciantes que creen en el poder de venta de las canciones es muy posible que nunca hayan tenido que vender nada.

Este prejuicio mío no lo comparten todos mis socios. Cuando estoy de vacaciones, tienen tiempo, ocasionalmente, de colocarle una cancioncilla a algún cliente nuestro y, por lo menos, algunas de sus proclamas se introdujeron bien. Esta excepción confirma mi regla.[25]

---

25. Al terminar de escribir este párrafo, me han mostrado la investigación sobre la efectividad de dos espacios comerciales para una famosa marca de margarina. Los espacios eran idénticos, excepto en que en uno de ellos el texto era hablado mientras que en el otro era cantado. La versión hablada produjo tres veces más consumidores que la cantada.

Las pantallas cinematográficas tienen 12 metros de ancho, medida suficiente para las escenas de multitudes y las tomas a larga distancia. Pero la pantalla de televisión es inferior a un metro de anchura, resultando insuficientes para ver películas épicas como *Ben-Hur*. Aconsejo emplear únicamente primeros planos en los anuncios de televisión.

Hay que evitar las situaciones trasnochadas: bebedores encantados, comensales extasiados, familias unidas, y todos los demás clichés de la pobre y vieja Madison Avenue. No creo que aumenten el interés del consumidor por el producto ofrecido.

9

CÓMO HACER
BUENAS CAMPAÑAS

La mayoría de los mandamientos de este libro, y la investigación de la que se derivan, tienen que ver con la publicidad en *general*. Pero cada categoría de producto presenta sus propios problemas.

Cuando se anuncian detergentes, por ejemplo, hay que decidir si el producto se lavará para que sea más blanco, más limpio o más brillante. Cuando se anuncia *whisky*, hay que decidir cuánto protagonismo se le da la botella. Cuando se anuncian desodorantes, hay que decidir cuánto énfasis dar en aromatizar al cliente o en mantener seca la zona.

PRODUCTOS ALIMENTICIOS

La publicidad de productos alimentarios presenta muchos problemas especiales. Como, por ejemplo, ¿puedeshacer que la comida parezca apetitosa en una pantalla blanco y negro en la televisión? ¿Puede cualquier combinación de *palabras* persuadir al lector de que un producto sabe bien? ¿Qué importancia tienen las *promesas nutricionales*? ¿Hay que mostrar a gente *comiendo* el producto?

He intentado responder a estas preguntas investigando. lo que he aprendido hasta ahora y puede resumirse en veintidós mandamientos:

PRENSA

1. Construye tu anuncio con un atractivo en torno al *apetito*.

2. Cuanto más grande sea la ilustración, más apetitoso será el anuncio.

3. No muestres personas en los anuncios de alimentos. Ocupan un espacio que es mejor dedicar al alimento en sí.

4. Utiliza el color. Los alimentos resultan más apetitosos en color que en blanco y negro.

5. Utiliza fotografías: son más apetitosas que las obras de arte.

6. Una fotografía es mejor que dos o más. Si *tienes* que utilizar varias, que una de ellas sea la dominante.

7. Siempre que puedas, incluye una *receta*. El ama de casa siempre busca nuevas formas de complacer a su familia.

8. No escondas la receta en el cuerpo del texto, que resalte de manera clara.

9. Ilustra la receta con su fotografía principal.

10. No coloques la receta sobre una pantalla, se leerá por más mujeres si se inserta sobre blanco.

11. Siempre que puedas, incluye noticias en tus anuncios, noticias sobre un nuevo producto, una mejora en un producto antiguo o un nuevo uso de un producto antiguo.

12. Es mejor que el titular sea específico, mejor que general.

13. Incluye el nombre de tu *marca* en el titular.

14. Coloca el titular y el texto *debajo* de la ilustración.

15. Muestra el envase en un lugar destacado, pero no permitas que domine la fotografía.

16. Sé serio. No utilices el humor ni la fantasía. No seas tan ingenioso en el titular. Alimentar una familia es un asunto serio para la mayoría de las amas de casa.

TELEVISIÓN

17. Muestra cómo preparar tu producto.

18. Utiliza la táctica problema-solución siempre que puedas sin resultar provocado.

19. Siempre que sea posible, da *noticias* de manera alta y clara.

20. Muestra el producto al principio del anuncio.

21. No utilices el efecto de sonido porque sí. Utiliza solo efectos de sonido que sean relevantes para tu producto: el ruido de una cafetera, el sonido del filete asado, el crujido de los copos de maíz, etc.

22. Los anuncios son para vender. No permitas que domine el *entretenimiento*.

DESTINOS TURÍSTICOS

La experiencia como agente publicitario de la British Travel & Holidays Association, de Puerto Rico y del United States Travel Service me ha llevado a ciertas conclusiones sobre lo que constituye una buena publicidad turística. Pueden resumirse como sigue:

1. La publicidad del destino está destinada a afectar la imagen del país en cuestión. Es políticamente importante que le afecte favorablemente. Si la publicidad del país es mala, la gente pensará que no es un buen país.

2. Los turistas no viajan miles de kilómetros para ver cosas que pueden ver al lado de donde viven. Por ejemplo, no se puede convencer a los que viven en Suiza de que viajen ocho mil kilómetros para ver las montañas de Colorado. Anuncia lo que es único en el país.

3. Tus anuncios deben crear en la mente del lector una imagen que nunca *olvide*. Es probable que el período de gestión entre la exposición del anuncio y la compra de un billete lleve mucho tiempo.

4. Tus anuncios deben aparcer en medios que sean leídos por personasa que puedan permitirse viajar largas distancias. Estas personas suelen ser más cultas. No insultes su inteligencia; escribe en lenguaje adulto, no caigas en los clichés de la publicidad convencional de viajes.

5. El mayor obstáculo para los viajes internacionales es el coste. Tus anuncios deben ayudar al lector a racionalizar el coste del viaje vendiendo los matices culturales del lugar y el estatus.

6. Los patrones de viaje están peculiarmente sujetos a la moda. Tus anuncios deben situar el país en el mapa como el lugar al que «va todo el mundo». Las *bandwagons* funcionan como magia en el turismo.

7. La gente *sueña* con lugares lejanos. Tus anuncios deben covertir estos sueños en acción, transformando la energía potencial en energía cinética. La mejor forma de conseguirlo es ofrecer al lector información específica sobre cómo hacerlo. Una combinación de

atractivas fotografías e información específica dio los mejores resultados en el turismo británico, estadounidense y puertorriqueño.

8. Cuidado con los temas esotéricos. Puede que interesen a los ciudadanos del país que patrocina la campaña, pero el turista extrajero —el cliente— sale para coleccionar clichés.

Mis anuncios de «Venga a Gran Bretaña» han tenido un éxito notable, pero han sido objeto de un aluvión de críticas en la prensa británica. La acusación que dieron es que dañan el prestigio británico al proyectar una imagen anticuada —demasiadas cabañas con techo de paja, demasiada ostentación y circunstancia— Se me reprocha crear la impresión de que Inglaterra es un pequeño reino bucólico que vive en las glorias de un pasado antiguo. ¿Por qué no muestro a Inglaterra «como realmente es», el Estado vital, industrializado y del bienestar que ha dado al mundo la penicilina, los motores a reacción, a Henry Moore y las centrales atómicas?

Si bien este tipo de cosas puede ser *políticamente* valioso, el único propósito de nuestra campaña es atraer turistas, y ningún estadounidense va a cruzar el océano para ver una poderosa central eléctrica. Él preferiría ver la Abadía de Westminster, yo también.

A la hora de decidir qué países visitar cuando viaja al extranjero, el turista estadounidense se ve influido por su actitud hacia los habitantes locales. Mis encuestas muestran que el turista espera que los británicos sean educados, cultos, honestos, directos, limpios y morales. Pero también espera que sean distantes, ostentosos y aburridos. Así que, en nuestra publicidad, hacemos todo lo posible por corregir los aspectos desagradables de este estereotipo escribiendo sobre la amabilidad de los ingleses.

Me ha sorprendido comprobar que los turistas estadounidenses no «viajan con el estómago». Como licenciado en cocina francesa, me cuesta creer que a tantos turistas estadounidenses les guste más la cocina inglesa que la francesa, pero así es. No saben leer los menús franceses y detestan las salsas ricas.

Inglaterra tampoco está en desventaja frente a Francia a la hora de saciar la sed del turista americano. Puede que no aprecie la cerveza inglesa, pero prefiere beber *whisky* escocés antes que un vino clarete, una preferencia que comparten cada vez más franceses. Vivimos tiempos terribles.

Una vez me encontré conspirando con un ministro del gabinete británico sobre cómo podríamos persuadir al Tesoro de Su Majestad para que diera más dinero para la publicidad británica de viajes en América. Me dijo: «¿Por qué cualquier americano en su sano juicio pasa sus vacaciones en la fría humedad de un verano inglés cuando podría igualmente disfrutar bajo el cielo italiano? Solo puedo suponer que su publicidad es la respuesta».

Muy cierto.

MEDICAMENTOS PATENTADOS

La publicidad de los medicamentos es un arte especial. Aquí expongo, con el dogmatismo de la brevedad, los principios que recomiendo a quienes practican este arte:[26]

1. Un buen anuncio de patente-medicamento aprovecha «la diferencia convincente» entre su marca y la de sus competidores.

2. Un buen anuncio de patentes médicas contienen *novedades*. La novedad puede ser un nuevo producto, un nuevo aspecto de un producto existente, un nuevo diagnóstico o un nuevo nombre para una dolencia conocida, como la halitosis.

3. Un buen anuncio de patentes médicas transmite sensación de *seriedad*. El malestar físico no es una broma para quien lo sufre. Agradece que se reconozca la realidad de su dolencia.

4. Un buen anuncio de patentes médicas transmite sensación de *autoridad*. Existe una relación médico-paciente inherente a la copia de medicamentos, no una mera relación vendedor-comprador.

5. El anuncio no debe limitarse a ensalzar los méritos del mismo producto; también debe *explicar la enfermedad*. El enfermo debe sentir que ha aprendido algo sobre su enfermedad.

6. No hay que forzar la credulidad. Una persona que sufre quiere creer que puedes ayudarle. Su voluntad de creer es un ingrediente activo de la eficacia del producto.

---

26. Debo agradecer a Louis Redmond su ayuda para llegar a estos principios.

10

CÓMO LLEGAR
A LA CIMA DEL ÁRBOL
(Consejos para los jóvenes)

Uno de mis antepasados irlandeses entró al servicio de John Company y tuvo éxito al sacudir el árbol. En otras palabras, hizo una gran fortuna. Actualmente yo ya soy un antepasado, y empleo casi todas mis horas sacudiendo el árbol de Madison Avenue.

Después de vigilar la carrera de mis propios empleados durante muchos años, he podido descubrir cuál es el camino que conduce a la cumbre.

Ante todo hay que ser ambicioso. Pero no tanto como para que los compañeros de trabajo salten sobre uno y lo destrocen. *Todo soldado lleva en su mochila el bastón de mariscal.* Sí, de acuerdo. Pero hay que evitar que asome la punta del bastón.

Si uno llega a una agencia de publicidad apenas salido de la Harvard Business School, debes prescindir de todo orgullo... y seguir estudiando. Tras un año de tedioso entrenamiento, te nombrarán probablemente ayudante de algún ejecutivo. (O sea, una especie de guardiamarina). Llegado el momento, debes prepararte para ser el hombre mejor informado de la agencia sobre el cliente al que ha sido destinado. Si, por ejemplo, se trata de una marca de gasolina, hay que leer libros de texto sobre química, geología y distribución de los productos petrolíferos. Hay que estar al día leyendo todos los artículos de revistas técnicas que traten de esta especialidad. También hay que repasar todos los resultados de investigaciones y planes de marketing que se hayan escrito en tu agencia sobre ese producto. Conviene pasarse los sábados sirviendo gasolina y conversando con los automovilistas. Es interesante visitar las refinerías y laboratorios de investigación de la empresa cliente. Debes estudiar la publicidad de la competencia. Al finalizar el segundo año, conocerás sobre la gasolina más que tu superior. A partir de ese momento, estarás ya en condiciones de sustituirlo.

Casi todos los jóvenes de las agencias son demasiado perezosos para realizar este tipo de trabajo a deshoras. Y continúan siendo superficiales a perpetuidad. Por eso no ascienden.

Claude Hopkins atribuía su éxito al hecho de trabajar el doble de horas que los demás redactores. Gracias a ello pudo escalar posiciones con doble rapidez que ellos. Una de las mejores agencias, establecida hace más de cuarenta años, mantiene su supremacía por el hecho de que su fundador fue tan poco feliz con su esposa que raramente abandonaba su oficina antes de medianoche. En mi época de soltero, tenía por costumbre trabajar hasta primeras horas de la madrugada. Si prefieren emplear su tiempo libre cultivando rosas o jugando con sus niños no se quejen de que no ascienden con suficiente rapidez. Los directores solo ascienden a los hombres que producen el máximo.

Si el personal de las agencias de publicidad fuese retribuido exclusivamente a tanto por trabajo en lugar de a tanto por hora, los perezosos obtendrían lo que se merecen y los eficientes triunfarían todavía con mayor rapidez que triunfan ahora. Cuando el doctor William B. Shockley estudió la creatividad de los científicos de los laboratorios Bell, descubrió que los que estaban en «el cuarto creciente» de creatividad, presentaban diez veces más inventos que los que estaban en «el cuarto menguante». Sin embargo solo cobraban un 50 % más. ¿Injusto? Sí, así lo creo. Albert Lasker tenía por costumbre pagar el mínimo a los redactores menos productivos de Lord & Thomas, pero gratificaba a Claude Hopkins con 50.000 dólares por cada millón de valor de las campañas redactadas por este mago. Fue una época muy ventajosa para todos: para Lasker, para Hopkins y para sus clientes.

Hoy en día está de moda pretender que un solo individuo no puede ser el responsable de una acertada campaña publicitaria. Este énfasis del «trabajo en equipo» es vana palabrería —una conspiración de la que solo forman parte los mediocres—. Ningún anuncio, ninguna *spot* de televisión ni ninguna ilustración pueden ser creados por un comité. Hay muchos directores de agencia que lo saben. Pero secretamente. Por eso mantienen los ojos bien abiertos para descubrir aquellos individuos extraños que ponen huevos de oro. Estos campeones no pueden ser retribuidos hoy a la escala de un Hopkins, pero son los únicos que en las agencias de publicidad están inmunizados contra las amenazas de despido en tiempo de crisis. Ofrecen una buena relación calidad-precio.

La mayor parte del trabajo que se realiza en una agencia se apoya en la rutina. Si se hace bien, pueden realizarse lentos progresos. Sin embargo, la oportunidad dorada solo se presenta cuando se tiene acceso a una gran ocasión. Y el truco consiste en saber reconocer la gran ocasión cuando se presente.

Hace varios años, la Lever Brothers pidió a cada una de sus siete agencias que le prepararan un estudio relativo a la política que deberían seguir con respecto a la televisión, entonces un medio completamente nuevo. Todas las demás agencias presentaron unos informes de cinco o seis páginas, pero un joven de nuestra plantilla se tomó la molestia de ensamblar todos los datos estadísticos concebibles y, tras trabajar noche y día durante tres semanas, se me presentó con un análisis completísimo, desarrollado en 167 folios. Sus perezosos colegas se burlaron de él tratándole de «trabajador compulsivo», pero un año después fue elegido miembro de nuestro consejo de administración. En estos incidentes aislados se forjan la mayoría de las carreras exitosas, *«ü jaut épater les clients».*[27]

Muchos de los jóvenes que ingresan hoy en las agencias están decididos a llegar a ejecutivos de cuentas, probablemente porque se les ha enseñado en la Escuela de Publicidad que su misión en la vida consiste en dirigir y administrar, más que en llevar a cabo un trabajo especializado. Escapa a su atención que los directores de las seis agencias más grandes del mundo fueron todos *especialistas* antes de llegar a la cumbre. Cuatro de ellos fueron redactores, uno era director de medios y el otro provenía de la investigación. Ninguno de ellos había sido nunca ejecutivo de cuentas.

Es mucho más difícil conseguir una posición como ejecutivo de cuentas que como especialista, porque es muy raro que a un ejecutivo se le presente una oportunidad para cubrirse de gloria. Casi todos los triunfos espectaculares los consiguen los especialistas. Por consiguiente, aconsejaría a mi propio hijo que se especializase (en medios, en investigación y en redacción). Encontraría menos formidable la lucha en estos departamentos, pero tendría oportunidades más frecuentes de salir de la rutina del trabajo de mantenimiento y adquiriría una experiencia psicológica y financiera que da seguridad.

---

27. «Hay que impresionar a los clientes.»

Quizás algunos jóvenes se sientan atraídos por los viajes y diversiones que van unidos al trabajo de un ejecutivo de cuentas. Apreciarán rápidamente que comer en buenos restaurantes no es motivo de alegría si tienen que dar explicaciones sobre una posición declinante en el mercado mientras se ingiere un *soufflé*; y que recorrer el circuito de mercados de ensayo puede provocar tanto dolor como si uno de sus hijos estuviese en el hospital.

Si un hijo mío siguiese mi consejo y se convirtiese en ejecutivo de cuentas, le ofrecería esta nueva advertencia:

1. Tarde o temprano, un cliente te ignorará, bien porque le desagrades, bien por haber fracasado con él, o quizá por atribuirte a ti lo que, en realidad, es un fallo de algún departamento de tu agencia. Cuando te suceda esto, *¡no te desanimes!* Yo conozco a un director de agencia que sobrevivió al desdén de tres clientes, uno tras otro, en un año.

2. No podrás prosperar mucho si actúas tan solo como un canal de comunicación entre el cliente y los departamentos de la agencia, de la misma forma que un camarero se mueve entre los chefs de la cocina y los clientes del comedor. Estos superficiales ejecutivos de cuentas se denominan con más propiedad «hombres de contacto». No hay duda de que ejercerás con aplomo esta sencilla función, pero confío en que considerarás tu trabajo como algo más importante. Los buenos ejecutivos de cuentas adquieren la experiencia más complicada de todas: se convierten en hombres especializados en *marketing*.

3. Por duro que sea tu trabajo, y por inteligente que seas, serás incapaz de representar bien a tu agencia hasta que tengas, por lo menos, treinta y cinco años. Uno de mis socios debe la rapidez de su ascenso al hecho

de haberse quedado totalmente calvo a los treinta años, y otro tuvo la buena suerte de tener el cabello blanco a los cuarenta. Ten paciencia.

4. Nunca llegarás a ser ejecutivo de cuentas de categoría si no aprendes a realizar *buenas presentaciones*. La mayoría de tus clientes serán grandes empresas, y debes ser capaz de vender planes y campañas a sus comités de dirección. Las buenas presentaciones deben estar bien escritas y bien vendidas. Solo podrás aprender a escribirlas bien estudiando el trabajo de tus maestros y mediante el esfuerzo personal. Podrás aprender a presentarlas correctamente observando las técnicas de los profesionales. En especial los presentadores de Nielsen.

5. No cometas el error habitual de considerar a tus clientes como seres hostiles. Hazte amigo de ellos. Compórtate como si formases parte de su equipo. Si puedes, compra acciones de su empresa. Trata de no verte enredado en su política interior. Sería una lástima perder a un cliente por haber apostado al caballo que perdió. Imita a Talleyrand, que sirvió a Francia a través de siete regímenes, y al vicario de Bray: «¡Sea quien fuere el Rey yo seré, Señor, el Vicario de Bray!».

6. En tus negociaciones diarias con clientes y colegas, lucha por tu rey, tu reina y tus alfiles, pero cede algún peón de vez en cuando. El hábito de capitular graciosamente ante cosas poco importantes hará que sea difícil resistirte en aquellas raras ocasiones en que debas mantenerte firme y luchar por algo de verdadera importancia.

7. No comentes los negocios del cliente en los ascensores. Guarda bajo llave sus papeles secretos. Una reputación de irresponsable que no sabe callarse ni tiene fijeza puede arruinarte.

8. Cuando desees fijar una idea en la mente de un redactor o de un director de investigación, hazlo en privado y con mucho tacto. El orgulloso no es popular en Madison Avenue.

9. Si tienes el valor de admitir tus faltas ante tus clientes y colegas ganarás su respeto. La franqueza, la objetividad y la honestidad intelectual son condiciones *sine qua non* para triunfar en la carrera publicitaria.

10. Aprende a escribir informes claros y concisos. Recuerda que las personas a quienes van destinados tienen más papeles que tú en sus mesas y archivos. Cuanto más largos sean tus informes, menos probable es que los lean quienes tienen poderes para decidir sobre ellos. En 1941 Winston Churchill envió el siguiente comunicado al Primer Lord del Almirantazgo:

> «Le ruego se sirva informar, *en una sola hoja de papel*, sobre la forma en que la Royal Navy está siendo transformada para hacer frente a las condiciones de la guerra moderna. [La cursiva es mía.]»

Nunca debes olvidar que estás mejor pagado que tus semejantes en otras profesiones y negocios. Existen dos razones. Primera: la demanda de personal publicitario capacitado es superior a la oferta. Segunda: existe menos seguridad en un empleo dentro del ramo publicitario que en la mayoría de otros sectores. Trata de mantener, siempre, tus gastos por debajo de tus ingresos, de forma que puedas resistir un período de paro. Aprovecha las opciones que se te puedan presentar para la compra de acciones de tu agencia. E invierte en otras direcciones. La Seguridad Social es limitadísima para un agente de publicidad de sesenta y cinco años.

He llegado a creer que uno de los signos más relevantes de la capacidad de un joven estriba en el uso que haga de sus vacaciones. Hay algunos que despedazan esas tres preciosas semanas, mientras que otros obtienen de ellas más que en todo el resto del año.

Me permito ofrecer esta fórmula para unas vacaciones tonificantes:

- No te quedes en casa, o dando vueltas alrededor de ella. Necesitas un cambio de ambiente.

- Llévate contigo a tu esposa, y deja a los niños con algún vecino. (Los pequeños son un nudo constante en la garganta durante las vacaciones.)

- No te expongas a la publicidad.

- Toma un somnífero cada noche durante las tres primeras de las vacaciones.

- Haz ejercicio y toma mucho aire fresco.

- Lee un libro cada día —veintiún libros en tres semanas—. (Supongo que ya has alcanzado un rápido ritmo de lectura y puedes leer mil palabras por minuto.)

- Amplía tus horizontes saliendo al extranjero, incluso si tienes que viajar en cubierta. Pero no viajes tanto, que regreses de vuelta enfadado y exhausto.

Los psiquiatras afirman que todo el mundo debería tener una afición. La que que yo recomiendo es la *publicidad*. Escoge un tema, del cual tu agencia no conozca gran cosa y hazte una autoridad en él. Proponte escribir un buen artículo cada año y procura que se publique en la Harvard Business Review. Temas gratificantes: la psicología de los precios de venta al detalle, nuevas formas de establecer el presupuesto óptimo de publicidad, la publicidad en la política, los obstáculos que impiden a los anunciantes internacionales utilizar las mismas campañas en todo el mundo, etc. Una vez hayas llegado a ser una autoridad reconocida en cualquiera de estos temas problemáticos, podrás fijar tu propio precio.

En resumen, arrima el hombro a la rueda, pero ten cuidado de elegir la apropiada. Como dijo Sofía Tucker:

He sido rica y he sido pobre. Créeme, cariño, es mejor ser rica.

11

¿DEBERÍA ABOLIRSE LA PUBLICIDAD?

No hace mucho tiempo, mi socialista hermana mayor, Kythé Hendy, me invitó a que estuviese de acuerdo con ella sobre el hecho de que la publicidad debería abolirse. Me resultó difícil considerar esta amenazante sugerencia porque ni soy economista ni filósofo. Pero pude al menos señalar que hay división de opiniones sobre este particular.

El difunto Aneurin Bevan creía que la publicidad era «un mal servicio». Arnold Toynbee (de Winchester & Balliol) opinaba:

> No he conocido ninguna ocasión en la cual la publicidad no haya sido un verdadero mal.

El profesor Galbraith (de Harvard) sostiene que la publicidad incita a las personas a malgastar su dinero en cosas que no necesita cuando lo que deberían hacer sería emplearlo en obras públicas.

Pero sería un error suponer que todas las personas liberales mantienen los puntos de vista «Bevan-Toynbee-Galbraith» sobre la publicidad. El presidente Franklin Delano Roosevelt la veía de manera distinta. Dijo en cierta ocasión:

Si volviese a nacer, me inclino a pensar que me dedicaría a la publicidad con preferencia a cualquier otra profesión… El alza general del nivel de la civilización moderna, durante el último medio siglo, habría sido imposible sin la difusión, por medio de la publicidad, del conocimiento de la existencia de niveles más altos.

Sir Winston Churchill coincide con Roosevelt en que:

La publicidad nutre la capacidad de consumo de los hombres. Presenta ante ellos el objetivo de un hogar mejor, mejor alimentación y mejor vestido para ellos y para sus familias. Estimula el esfuerzo individual y la mayor producción.

Casi todos los economistas serios, sean del color político que sean, coinciden en que la publicidad sirve para un fin útil *cuando se emplea para dar información acerca de productos nuevos*. Como el ruso Anastas L. Mikoyan señala:

La tarea de la publicidad soviética consiste en dar al pueblo información exacta respecto a las mercancías que están en venta para ayudar a crear nuevas demandas, a cultivar nuevos gustos, a promover la venta de nuevos tipos de mercancías y a explicar su empleo al consumidor. La tarea primaria de la publicidad soviética consiste en dar una información verdadera y exacta; una descripción completa sobre la naturaleza, calidad, propiedades y forma de uso de las mercancías anunciadas.

El economista victoriano Alfred Marshall también aprobaba la publicidad «informativa» de nuevos productos, pero condenaba la publicidad denominada «combativa» como un derroche. Walter Taplin, de la London School of Economics, señala que el análisis de la publicidad de Marshall «ofrece indicaciones de aquellos prejuicios y actitudes emocionales hacia la publicidad, de los cuales nadie parece estar completamente libre, ni siquiera los economistas clásicos». Existía, realmente, en Marshall un principio de prejuicio. Su discípulo más ilustre, Maynard Keynes, lo describió una vez como «una persona extremadamente absurda». Lo que escribió Marshall repecto a la publicidad ha sido plagiado luego por muchos economistas posteriores a él, y se ha convertido en una doctrina ortodoxa para sostener que, «combativa» o «persuasiva», la publicidad es un despilfarro económico. ¿Lo es…?

Mi propia experiencia clínica me indica que la clase de publicidad informativa que respaldan estos señores es más eficaz *en términos de resultados de las ventas* que la publicidad «combativa» o «persuasiva» que condenan. El propio interés comercial y la virtud académica marchan juntos.

Si todos los anunciantes abandonasen la vana ponderación y recurriesen a la clase de publicidad informativa que yo he preparado para Rolls-Royce, las Reales Líneas Aéreas Holandesas KLM y Shell, no solo aumentarían sus ventas, sino que se colocarían al lado de los ángeles. Cuanto más informativa sea una publicidad, más persuasiva será.

En un reciente escrutinio, realizado entre los líderes del pensamiento americano, Hill & Knowlton preguntó: «¿Deben los anunciantes dar los hechos y nada más que los hechos?». El voto a favor de esta austera proposición fue sorprendentemente afirmativo:

	% SÍ
Dirigentes religiosos	76
Editores de publicaciones de primera categoría	74
Administradores de colegios de enseñanza media	74
Economistas	73
Sociólogos	62
Funcionarios del gobierno	45
Decanos de universidades	33
Directores comerciales	23

Así vemos como la publicidad «de hechos» se considera ampliamente como una «gran cosa». Pero, cuando se trata de publicidad «persuasiva» para una vieja marca contra otra, la mayoría de economistas coinciden con Marshall en condenarla. Rexford Tugwell, que obtuvo mi admiración imperecedera por inspirar el renacimiento económico de Puerto Rico, condena el «enorme despilfarro implicado en el esfuerzo para desviar el negocio de una firma a otra». El mismo dogma sustenta Stuart Chase:

La publicidad hace que el público deje de comprar el jabón Mogg y empiece a adquirir el jabón Bogg... Nueve décimas partes —o más— de la publicidad son ampliamente competitivas, debatiendo por los relativos méritos de dos productos distintos y, a menudo, indistinguibles.

Pigou, Braithwaite, Baster, Warne, Fairchild, Morgan, Boulding y otros economistas, dicen esencialmente lo mismo. Muchos de ellos casi con las mismas palabras, excepto en que dejan Mogg y Bogg a Stuart Chase, sustituyéndolos por Eureka y Excelsior, Tweedledum y Tweedledee,

Bumpo y Bango. Lean a uno solo de ellos y los habrán leído a todos.

Haré partícipes a dichos señores de un curioso secreto: el tipo de publicidad combativo-persuasiva que ellos condenan es, en algunos casos, casi tan poco *provechosa* como la clase de publicidad informativa que aprueban.

La experiencia me ha demostrado que es relativamente fácil persuadir a los consumidores para que prueben un *nuevo* producto. Pero también me ha demostrado que se vuelven locamente sordos a la publicidad de productos que llevan mucho tiempo en el mercado.

De este modo, los publicitarios ganamos más prestigio anunciando productos nuevos que productos antiguos. Una vez más, la virtud académica y el propio interés comercial marchan juntos.

¿La publicidad eleva los precios?

Han existido demasiados argumentos a favor de cada uno de los dos lados de esta intrincada cuestión. Se han realizado pocos estudios serios sobre el efecto de la publicidad en los precios. Sin embargo, el profesor Neil Borden, de Harvard, ha examinado centenares de casos. Con la ayuda de un comité asesor formado por otros cinco formidables profesores, llegó a unas conclusiones que deberían ser estudiadas con mayor amplitud por los que niegan a la publicidad el pan y la sal. Por ejemplo:

> En muchas industrias, la gran escala de las operaciones comerciales, que se han hecho posibles gracias a la publicidad, se ha traducido en considerables reducciones en los costos de fabricación.

La formación del mercado por medio de la publicidad y otros instrumentos de promoción no solo hace posibles las reducciones de precios para las grandes firmas sino que ofrece también una oportunidad a los comerciantes para desarrollar marcas propias que se ofrecen, generalmente, a precios más bajos.

Realmente lo son. Si cuando muera me hacen la autopsia no encontrarán en mi corazón la palabra «Calais» sino «Marcas propias de los comerciantes». Estas son las enemigas naturales de los publicitarios. El 20 % del total de las ventas del ramo de la alimentación lo forman ahora las marcas pertenecientes a detallistas que no se anuncian. Son parásitos sanguinarios.

El profesor Borden y sus consejeros llegaron a la conclusión de que la publicidad, «aunque no exenta por completo de críticas negativas, es un activo y no un pasivo económico».[28] De este modo, coincidieron con Churchill y Roosevelt. Sin embargo, no dieron su apoyo a todos los postulados de Madison Avenue. Apreciaron, por ejemplo, que la publicidad no da a los consumidores la suficiente información. Mi experiencia me lleva a coincidir con ellos.

Son dignas de oírse las opiniones de los hombres que destinan a publicidad grandes sumas, extraídas del dinero de sus accionistas, acerca de su efecto sobre los precios. He aquí la de Lord Heyworth, el primer director de Unilever:

La publicidad... es una fuente de economía desde el principio. En lo referente a la distribución, acelera el movimiento de existencias, haciendo así posible precios más bajos de venta al detalle, sin reducir el beneficio del

---

28. Richard D. Irwin, *La economía de la publicidad*, Chicago, 1942. Pp. xxv-xxxix.

comerciante. En lo referente a la fabricación, es uno de los factores que hacen posible la producción a gran escala y ¿quién podría negar que la producción a gran escala conduce a más bajos costes?

Lo mismo ha dicho Howard Morgens, presidente de Procter & Gamble:

> Hemos comprobado en nuestra empresa que la puesta en marcha de una campaña de publicidad a favor de un nuevo producto se ha traducido en economías considerablemente mayores que todo el coste de la campaña.
>
> El empleo de la publicidad se traduce claramente en precios más bajos para el público.

En la mayor parte de industrias, el coste de la publicidad representa menos del 3 % del precio que los consumidores pagan al detallista. Si se aboliese la publicidad, se perdería mucho de lo que ahora se ahorra. Por ejemplo, se tendría que pagar una fortuna por *The New York Times* o cualquier periódico si este no llevase publicidad. Y hay que pensar en lo triste que resultaría. Thomas Jefferson leía los periódicos «más por sus anuncios que por sus noticias». La mayoría de amas de casa dirían lo mismo.

¿Fomenta la publicidad el monopolio?

El profesor Borden apreció que «en algunas industrias, la publicidad ha contribuido a la concentración de la demanda y, por consiguiente, ha sido un factor de concentración de suministros en manos de unas pocas firmas dominantes del mercado». Pero llegó a la conclusión de que la publicidad no es una *causa básica* de monopolio. Otros economistas, en cambio, han proclamado que la publicidad sí contribuye al monopolio. Coincido con ellos. Se hace progresivamente más difícil para las pequeñas empresas el lanzamiento de nuevas marcas. La «cuota de entrada», hablando de publicidad, es ahora tan grande, que solo los gigantes bien pertrechados, con vastos depósitos de municiones, pueden afrontarla. Si no me creen, traten de lanzar una nueva marca de detergente con unas provisiones de guerra de una cuantía inferior a diez millones de dólares.

Por otra parte, los anunciantes gigantescos pueden contratar espacios y tiempo de forma mucho más económica que sus pequeños competidores, porque los concesionarios les miman con descuentos por cantidad. Estos descuentos animan a los grandes anunciantes a absorber a los pequeños. Pueden realizar la misma publicidad con un 25 % menos de coste y embolsarse la diferencia.

¿Corrompe la publicidad a los editores?

Sí, los corrompe, pero mucho menos de lo que se pueda suponer. El editor de una revista se me quejaba una vez, con justa indignación, de que había concedido a uno de mis clientes cinco páginas de información gratuita y había recibido en recompensa solo dos páginas de publicidad. La inmensa mayoría de editores son incorruptibles.

Harold Ross se sentía molesto con la publicidad y sugirió una vez a su editor que todos los anuncios en *The New Yorker* deberían ponerse en una página. Su sucesor exhibe la misma clase de ideas y no pierde oportunidad para desmerecer a los que denomina «publihombres». No hace mucho publicó un gracioso ataque a dos de mis campañas, con una sublime indiferencia respecto al hecho de haber llenado por mi parte 1.173 páginas de su revista con anuncios poco comunes ornamentalmente. Me sorprenden estas malas artes en una revista que acepta por un lado uno de mis anuncios y por otro lo pone en la picota en un editorial.

(Es algo así como si invitas a un amigo a comer y después te escupe en un ojo...)

Me he sentido tentado más de una vez de castigar a los editores que insultan a mis clientes. Cuando uno de nuestros anuncios para la Feria de Industrias Británicas apareció en un número del *Chicago Tribune*, este periódico publicó, a su vez, una de las más feas diatribas del Coronel McCormick contra Gran Bretaña. Rabié de deseos de retirar la campaña de este diario. Pero hacerlo hubiera supuesto abrir una brecha en nuestra cobertura del Medio Oeste.

¿Puede imponer la publicidad un producto inferior al consumidor?

La propia experiencia me ha demostrado que es imposible. En aquellas raras ocasiones en que he anunciado productos que las pruebas del consumidor hallaron inferiores a otros, los resultados han sido desastrosos. Si me lo propongo, puedo escribir un anuncio que persuadirá a los consumidores para que compren un producto inferior, pero *solo una vez*. Y la mayoría de mis clientes dependen de las compras repetidas para realizar su beneficio. Phineas T. Barnum fue el primero en observar que:

> Uno puede anunciar un mal artículo e inducir a mucha gente a comprarlo en seguida, pero gradualmente se verá denunciado como un impostor.

Alfred Politz y Howard Morgens creen que la publicidad puede, incluso, acelerar la muerte de un producto inferior.

Dice Morgens:

La forma más rápida de matar una marca que no tenga calidad consiste en anunciarla agresivamente. El público apreciará su pobre calidad con mayor rapidez.

Pasa a puntualizar que la publicidad ha venido a jugar un significativo papel en el perfeccionamiento del producto:

Desde luego, los investigadores están buscando constantemente medios de perfeccionar las cosas que compramos. Pero, créanme, una gran parte del impulso y sugerencias para aquellas mejoras proviene, también, del éxito publicitario del negocio. Y es lógico que así sea porque el éxito de la publicidad de una empresa está estrechamente relacionado con el de las actividades de desarrollo de su producto.

La publicidad y la investigación científica han venido a trabajar con guantes en una vasta y sorprendente escala productora. El beneficiario directo es el consumidor, que disfruta de una selección siempre creciente de mejores productos y servicios.

En más de una ocasión he tenido que persuadir a mis clientes de que no lanzasen un producto nuevo sin haberlo desarrollado de forma que fuese notablemente superior a los ya existentes en el mercado.

La publicidad es también una fuerza para mantener una buena calidad y servicio. Escribe sir Frederic Hopper, de Schweppes:

La publicidad es una garantía de calidad. Una firma que ha gastado una suma importante para informar sobre las cualidades de un producto acostumbra al consumidor a exigir un nivel que sea elevado y uniforme. Por eso no se arriesgará nunca a disminuir la calidad de sus artículos. A veces, el público es crédulo pero nunca hasta el extremo de.continuar comprando un artículo manifiestamente inferior.

Cuando pusimos en marcha la publicidad para las Reales Líneas Aéreas Holandesas KLM, tratando a esta compañía de «puntual» y «segura», su alta dirección publicó una circular recordando a su personal que debía cumplirse lo prometido en nuestros anuncios.

Puede decirse que una buena agencia de publicidad representa los intereses del consumidor dentro del consejo de administración de una empresa.

¿Es la publicidad una sarta de mentiras?

En modo alguno. El temor a complicaciones con la Comisión Federal de Comercio (Federal Trade Commission), que vigila la publicidad en los periódicos, es ahora tan grande que uno de nuestros clientes me avisó recientemente de que si uno de nuestros mensajes comerciales fuese citado una sola vez por dicha comisión entregaría inmediatamente su campaña a otra agencia. El abogado de General Foods requirió a nuestros redactores para que *demostrasen* que la salsa barbacoa Open-Pit tiene un «sabor añejo» antes de permitirnos hacer esta inocente afirmación en sus anuncios. El consumidor está mejor protegido de lo que él mismo cree.

No siempre puedo estar en paz con las cambiantes reglas establecidas por los diversos organismos que regulan la publicidad. El Gobierno canadiense, por ejemplo, aplica un conjunto de reglas a la publicidad de productos medicinales y el Gobierno de los Estados Unidos otras reglas totalmente diferentes. Algunos estados americanos prohiben mencionar el precio en los anuncios de *whisky* mientras que otros insisten en ello. Lo que está prohibido en un estado es obligatorio en otro. Solo puedo refugiarme en la regla que siempre ha regido mi propia producción: no escribiré nunca un anuncio que no me gustase que mi familia viese o leyese.

Dorothy Sayers, que redactó anuncios antes de dedicarse a escribir discursos anglo-católicos, dice:

> Las mentiras son peligrosas. Las únicas armas permisibles son la *suggestio falsi* y la *suppressio veri.*

Me confieso culpable de un acto de *suggestio falsi*, lo que Madison Avenue llama «traición». Sin embargo, dos años más tarde, un químico salvó mi conciencia descubriendo que lo que yo había sugerido falsamente era, en realidad, cierto.

Pero debo confesar que soy constantemente culpable de *suppressio veri.* Seguramente hay que preguntarse si no es mucho esperar que el anunciante describa los defectos de su propio producto.

¿Logra la publicidad que la gente desee comprar productos que no necesita?

Si no consideran que la gente necesite desodorantes, están ustedes en libertad de criticar a la publicidad por haber persuadido al 87 % de las mujeres y al 66 % de los hombres americanos para que los usen. Si no creen que el público necesita cerveza, están en su derecho de criticar a la publicidad por haber inducido a beberla al 58 % de la población adulta. Si desaprueban la creación de comodidades y los viajes por el extranjero, tendrán razón en hacer reproches a la publicidad por fomentar tales maldades. Si no les agrada la sociedad opulenta, es lógico que culpen a la publicidad por incitar a las masas a que traten de serlo.

Si son de esta clase de puritanos, no puedo discutir con ustedes. Solo puedo llamarles masoquistas psíquicos. Como el arzobispo Leighton, rezo esta oración:

Líbranos, Señor, de los errores de los sabios... y también de los hombres buenos.

El venerable anciano John Burns, padre del Movimiento Laborista, acostumbraba a decir que la tragedia de la clase trabajadora era la pobreza de sus deseos. No presentó excusas por incitar a las clases trabajadoras a desear vidas menos espartanas.

¿Debe emplearse en política la publicidad?

Opino que no. En los últimos años se ha puesto de moda el empleo de agencias publicitarias por los partidos políticos. En 1952, mi querido amigo Rosser Reeves anunció al General Eisenhower igual que si fuese un tubo de pasta dentífrica. Creó cinco espacios comerciales, en los cuales se hacía leer al General respuestas manuscritas a una serie de consultas telefónicas de ciudadanos imaginarios, al estilo de:

Ciudadano: Señor Eisenhower, ¿qué me dice del alto coste de la vida?
General: Mi esposa Mamie se lamenta de lo mismo. Le digo que nuestra tarea consiste en cambiar este estado de cosas el 14 de noviembre.

Entre grabación y grabación, podía oírse al General decir:

¡Y que un viejo soldado tenga que aguantar esto!…

Siempre que se pide a mi agencia que anuncie a un político o a un partido rechazamos la invitación, entendiendo que:

a) Consideramos que el empleo de publicidad para «vender hombres de Estado» es la última palabra de la vulgaridad.

b) Si anunciásemos a un demócrata, quedaríamos en malas relaciones con los republicanos de nuestro personal y viceversa.

Sin embargo, animo a mis colegas a cumplir con sus deberes políticos, trabajando para una de las partes, como individuos. Si un partido o un candidato necesitan servicios *técnicos* de publicidad tales como la contratación de espacios para emitir reuniones políticas, puede emplear voluntarios expertos, agrupados en un consorcio *ad hoc*.

¿Debe emplearse la publicidad para causas justas, de naturaleza no política?

Los agentes de publicidad experimentamos una modesta satisfacción con el trabajo que realizamos por buenas causas. De la misma forma que los cirujanos dedican gran parte de su tiempo a operar a los indigentes, sin remuneración alguna, también nosotros dedicamos mucho tiempo a la creación de campañas relacionadas con obras de caridad. Por ejemplo, mi agencia creó la primera campaña para Radio Europa Libre y hemos realizado campañas para la Sociedad Americana de Lucha contra el Cáncer, el Comité de los Estados Unidos en la ONU, el Comité de Ciudadanos para

Mantener Limpia Nueva York o el Lincoln Center para las Artes Representativas. Los servicios profesionales de los que hemos hecho donación para estas causas nos han costado unos 250.000 dólares, que sobre una facturación de 12 millones de dólares.

En 1959, John D. Rockefeller III y Clarence Francis me encargaron que me ocupase de fomentar el interés del público por las Artes Representativas patrocinadas por el Lincoln Center, la Metropolitan Opera, una compañía de repertorio teatral y una compañía de *ballet*. Todo estaba entonces en fase de planteamiento. Un estudio reveló que solo el 25 % de la población adulta de Nueva York había oído hablar del Lincoln Center. Cuando nuestra campaña concluyó, un año después, el 67 % conocía la existencia del Lincoln Center. Al presentar los planes para esta campaña, dije:

> Los hombres que concibieron el Lincoln Center y, en particular, las grandes fundaciones que han contribuido al mismo con sus aportaciones, se desanimarían si el pueblo neoyorquino pensase que se trata de un lugar exclusivo de las clases altas.
>
> ...Es, por tanto, muy importante, crear esta imagen: el Lincoln Center es para *todo* el mundo.

Un estudio realizado al finalizar la campaña demostró que se había alcanzado este democrático objetivo. A los encuestados se les presentó una lista de afirmaciones y se les pidió que indicasen la que coincidía con su opinión. He aquí el resumen de sus votos:

> Probablemente la gran parte de residentes en Nueva York y sus suburbios visitará el Lincoln Center una u otra vez   76 %
> El Lincoln Center es solo para las gentes ricas   4 %

La mayor parte de campañas para causas justas son producto de la contribución de una agencia, pero, en el caso del Lincoln Center, BBDO, Young & Rubicam y Benton & Bowles se ofrecieron voluntariamente a formar equipo con nosotros. Un cuarteto armonioso y notable. Los anuncios de televisión fueron realizados por BBDO y los canales de Nueva York contribuyeron con la donación de un importe de 600.000 dólares, valor del tiempo empleado en los mismos. Benton & Bowles realizó las cuñas radiofónicas y las emisoras contribuyeron con una donación de 100.000 dólares, valor del tiempo empleado en las emisiones. Los anuncios impresos corrieron a cargo de Young & Rubicam y de nosotros mismos. *Reader's Digest*, *The New Yorker*, *Newsweek* y *Cue* los publicaron gratuitamente.

Cuando nos ofrecimos voluntariamente para hacernos cargo de la campaña para «Mantener limpia Nueva York», el número de calles desratizadas había pasado ya del 56 al 86 %. Llegué a la conclusión de que las que quedaban debían formar un duro núcleo de bárbaros irresponsables, que no podrían ser reformados con eslóganes amistosos al estilo de la agencia anterior: «Deposite aquí su candidatura por una Nueva York más limpia».

Una encuesta reveló que la mayoría de neoyorquinos no sabían que podían ser multados con 25 dólares por tirar escombros. Por consiguiente, llevamos a cabo una *dura* campaña, avisando a los que vertían basuras de que podrían ser llevados ante un juez. Al mismo tiempo, convencimos al Departamento de Sanidad de Nueva York, de que reclutase un grupo de hombres uniformados para patrullar las calles, montados en *scooters*, en busca de infractores de la ley. Los periódicos y revistas dedicaron gratuitamente un espacio sin precedentes para la publicación de nuestros anuncios y en los primeros tres meses la televisión y las emisoras de radio de Nueva York nos concedieron 1.105

espacios comerciales gratuitos. A los cuatro meses, habían sido sancionados 39.004 infractores y los magistrados realizaron una gran labor.

¿Es la publicidad un vulgar aburrimiento?

Charles Anthony Raven (C.A.R.) Crosland se lamenta en *The New Statesman* que:

> La publicidad es, a menudo, vulgar, estridente y ofensiva. E induce al cinismo y a la corrupción, tanto por parte de los que la practican como por el público, debido a su mezcla constante de verdades y mentiras.

Creo que este es el cargo más importante que tiene que soportar la publicidad entre las gentes educadas. El profesor Ludwig von Mises, describe la publicidad como «estridente, ruidosa, ordinaria y engreída». Acusa al público de no reaccionar en pro de una publicidad digna. Yo me siento más inclinado a inculpar a los anunciantes y a las agencias, incluida la mía. Debo confesar que soy un juez mediocre respecto a lo que causará impacto en el público americano. En dos ocasiones he producido anuncios que me parecían perfectamente inocentes, solo para ser después casi desollado por indecencia. Una vez fue un anuncio para las camisas Lady Hathaway, que mostraba a una bella mujer con pantalones de terciopelo, sentada a horcajadas sobre una silla y fumando un largo cigarro. Mi otra transgresión consistió en un anuncio de televisión, en el cual pasábamos el desodorante Ban por la axila de una estatua griega. En ambos casos, el simbolismo, que me pasó desapercibido, inflamó muchas almas lascivas.

Me siento menos ofendido por la obscenidad que por la tipografía sin gusto, las fotografías banales, la redacción chapucera y las proclamas baratas. Es muy fácil pasar por alto estos horrores cuando aparecen en revistas y periódicos, pero es imposible escapar de ellos en televisión. Me siento encolerizado hasta la violencia por la interrupción de programas. ¿Son tan insaciables los propietarios de los canales de televisión que no pueden vivir sin causar tan impertinentes afrentas a la dignidad humana? Interrumpen, incluso, la toma de posesión de presidentes y la coronación de monarcas.

Como profesional, sé que la televisión es el medio más potente de publicidad que se haya inventado nunca y en buena parte me gano mi vida con él. Pero como persona particular pagaría con gusto por el privilegio de ver un programa sin interrupciones comerciales. Moralmente, me encuentro entre la espada y la pared.

La publicidad televisada ha hecho de Madison Avenue el arco simbólico del materialismo insípido. Si los gobiernos no ponen pronto en marcha el mecanismo que regule la televisión, me temo que la mayoría de hombres razonables del mundo coincidirá con Toynbee en que «el destino de la civilización occidental marcha hacia el conflicto con todo lo que Madison Avenue representa». Tengo un marcado interés en la supervivencia de Madison Avenue, aunque dudo que pueda sobrevivir sin una reforma drástica.

Hill & Knowlton señala que la inmensa mayoría de dirigentes razonables estiman que «la publicidad promociona valores demasiado materiales».

El peligro para mi «pan de cada día» está en el hecho de que lo que piensan ahora estos dirigentes lo pensarán mañana la mayoría de votantes.

No, mi querida hermana, la publicidad no debe ser abolida. Pero debe ser reformada.